最新版

ニュージーランドへ

大自然&街をとことん遊びつくす

グルービー美子

はじめに

　私がはじめてニュージーランドを訪れたのは、旅行雑誌の取材がきっかけ。自ら提案した「イルカと泳ぐ旅」の企画で南島のクライストチャーチとカイコウラに滞在しました。それまでニュージーランドに対する知識はなく、興味もさほど抱いていなかったのですが、ワーキングホリデーで滞在していた友人からカイコウラでイルカと泳いだ話を聞いて「行ってみたい」と思ったのです。

　クライストチャーチに降り立った最初の印象は「天国のように美しい場所」でした。そしてカイコウラで遭遇したイルカの群れに感動し、海がキレイなこと、にぎやかな観光地でもゴミひとつ落ちていないことに感銘を受けました。人々はどこか日本人に通じるやさしさとおだやかさを持ち、のんびりと居心地がよく、いっぺんで大好きになりました。

　その後も主に取材でニュージーランド各地を旅し、縁あってニュージーランド人と結婚してオークランドで暮らすことになりましたが、この国の自然のスケール感には今も圧倒されます。そして清潔で快適に滞在できることもニュージーランドのよさ。水も空気もおいしく、豊かな大地から生まれた食材にもパワーを感じます。いるだけで心も身体も浄化されるような、ニュージーランドの魅力を知っていただけたらうれしいです。

Contents

17 Nature 自然と遊ぶ

41 Organic Living 食とライフスタイル

69 Culture 文化

Column

79 City Guide 街歩きガイド

※本書掲載データは2024年1月現在のものです。店舗の移転・閉店、価格改定などにより、実際と異なる場合があります
※本書掲載の電話番号は市外局番を含む番号です。なお、ニュージーランドの国番号は「64」です

🥝 ニュージーランド基本情報

◎正式国名	ニュージーランド[New Zealand]：英語／アオテアロア[Aotearoa]：マオリ語
◎面積	27万534km²（日本の約4分の3）
◎人口	515万1600人（2022年12月推計）
◎民族	ヨーロッパ系[70%]、マオリ系[16.5%]、太平洋島嶼国系[8%]、アジア系[15%]、その他[2.7%]（2022年12月推計）
◎政治体制	立憲君主制
◎首都	ウェリントン[Wellington]
◎宗教	キリスト教[38.6%]、無宗教[48.6%]、ヒンドゥー教[2.6%]、仏教[1.1%]、イスラム教[1.3%]、その他・無回答[8.3%]（2018年）
◎公用語	英語、マオリ語、手話
◎通貨	ニュージーランド・ドル[NZ$もしくはN$]※本書では「$」で表記 1ニュージーランド・ドル＝90円（2024年2月）
◎時差	+3時間（サマータイム実施中は+4時間）日本が正午の時、ニュージーランドは同日の午後3時（サマータイム実施中は午後4時）となる

🏛 **Waitangi Treaty Grounds**
・ワイタンギ条約グラウンド P.72

Ahipara ⚓
アヒパラ P.31

🐑 **Hobbiton Movie Set Tours**
ホビット村映画ロケ地ツアー P.78

♨ **Hot Water Beach**
ホットウォーター・ビーチ（野湯）P.67

Auckland 🏙
オークランド P.82

Hamilton
ハミルトン

⛰ **Mauao (Mount Maunganui)**
マウアオ（マウント・マウンガヌイ）P.24

🌲 **Rotorua**
ロトルア P.118

ラグラン P.30 **Raglan** ⚓

Waitomo Glowworm Caves
ワイトモ・グローワーム洞窟

MAP P.13

Lake Taupo
タウポ湖 P.122

Tongariro National Park
トンガリロ国立公園[世界遺産]

🥾 **Tongariro Alpine Crossing**
トンガリロ・アルパイン・クロッシング P.25

Whanganui National Park
ファンガヌイ国立公園

Tasman Sea
タスマン海

Neko Ngeru Cat Adoption Café
ネコ・ネル保護猫カフェ P.40

Abel Tasman National Park
アベル・タスマン国立公園

Cook Strait
クック海峡

🏕 **Moonlight Peak**
ムーンライト・ピーク（グランピング）P.34

Kahurangi National Park
カフランギ国立公園

Nelson
ネルソン

🚐 **Fallow Hills**
ファロー・ヒルズ（グランピング）P.34

MAP P.11-12

🍷 **Margrain Vineyard**
マーグレイン・ヴィンヤード P.50

Wellington 🏛
ウェリントン P.106

🐋 **Kaikoura**
カイコウラ P.38

South Pacific
南太平洋

🐑 **Silverstream Alpaca Farmstay**
シルバーストリーム・アルパカ・ファームステイ P.39

Hokitika
ホキティカ

Franz Josef Glacier Guides 🥾
フランツ・ジョセフ・グレイシャー・ガイズ P.26

Mt. Cook
マウント・クック
▲(3,724m)

Christchurch
クライストチャーチ P.128

MAP P.14

・Westland Tai Poutini National Park
ウエストランド・タイ・ポウティニ国立公園

・Aoraki/Mt.Cook National Park
アオラキ/マウント・クック国立公園

🐑 **Tekapo**
テカポ P.35

Clay Cliffs
クレイ・クリフス（ワイタキ地方）P.165

・Mount Aspiring National Park
マウント・アスパイアリング国立公園

MAP P.15

🥾 **Hooker Valley Track**
フッカー・バレー・トラック P.22

🐑 **Oamaru**
オアマル（ワイタキ地方）P.165

Queenstown
クイーンズタウン P.142

🐑 **Moeraki Boulders Beach**
モエラキ・ボルダー海岸（ワイタキ地方）P.165

・Fiordland National Park
フィヨルドランド国立公園

MAP P.16

🏙 **Dunedin**
ダニーデン P.156

Foveaux Strait
フォーボー海峡

・Bluff ブラフ P.44

Te Wahipounamu
テ・ワヒポウナム[世界遺産]

・Stewart Island
スチュワート島 P.36

ニュージーランド旅行
モデルプラン

ここでは基本的な1週間でめぐるプランをご紹介！
3日目以降は好みで組み合わせを変えて、理想の旅を実現してください。

オークランドを起点に南北両島を満喫する6泊7日

1日目 (午前) オークランド ✈ (約2時間) クイーンズタウンへ
(午後) クイーンズタウン観光

2日目 (終日) クイーンズタウン観光
オプショナルツアーで
ミルフォード・サウンドへ
行くのもおすすめ。

3日目 (午前) クイーンズタウン ✈ (約1時間) クライストチャーチへ
(午後) クライストチャーチ観光

4日目 (終日) クライストチャーチ観光
(夜) クライストチャーチ ✈ (約1時間) ウェリントンへ

5日目 (終日) ウェリントン観光

6日目 (午前) ウェリントン ✈ (約1時間) オークランドへ
(午後) オークランド観光

7日目 (終日) オークランド観光

3日目以降をチェンジ！

南島メインで楽しむ5泊6日

3日目
【午前】クイーンズタウン🚗または🚌(約3時間30分〜4時間30分)ダニーデンへ
【午後】ダニーデン観光

4日目
【午前】ダニーデン観光
【夜】ダニーデン ✈(約1時間)クライストチャーチへ

5日目
【終日】クライストチャーチ観光

6日目
【午前】クライストチャーチ✈(約1時間30分)オークランドへ
【午後】オークランド観光

コーヒー＆マオリ文化に触れる5泊6日

3日目
【午前】クイーンズタウン✈(約1時間20分)ウェリントンへ
【午後】ウェリントン観光

4日目
【終日】ウェリントン観光
【夕方】ウェリントン✈(約1時間10分)ロトルアへ

5日目
【終日】ロトルア観光

6日目
【午前】ロトルア観光
【午後】ロトルア🚗または🚌(約3〜4時間)オークランドへ

星空を満喫する3泊4日

3日目
【午前】クイーンズタウン🚗または🚌(約3〜4時間)テカポへ
【午後】テカポ観光、夜は星空観賞ツアーへ

4日目
【午前】テカポ🚗または🚌(約3〜4時間)クライストチャーチへ
【午後】クライストチャーチ観光

大自然でアクティビティ三昧の5泊6日

3日目
【午前】クイーンズタウン🚗または🚌(約1〜2時間)ワナカへ
【午後】ワナカ観光

4日目
【午前】ワナカ🚗(約1時間40分)クレイ・クリフスへ。クレイ・クリフス観光
【午後】クレイ・クリフス🚗(約1時間20分)マウント・クックへ。マウント・クック観光

5日目
【終日】マウント・クック観光

6日目
【午前】マウント・クック🚗または🚌(約4〜5時間)クライストチャーチへ
【午後】クライストチャーチ観光

ニュージーランドの
歴史

© Archives New Zealand
伝統舞踊を披露する先住民マオリの人々。国民の多く
がマオリの文化に誇りを持っている。

海を越えて人々が到来

　この国にはじめて人々がやって来たのは約1000年前。ポリネシア方面からカヌーに乗って到来したマオリと言われています。彼らは部族に分かれて国内のあちこちに暮らし、農耕と狩猟を行って生活しました。その後、1642年にオランダの探検家アベル・タスマンがニュージーランドを発見、1769年にはイギリス人のジェームス・クックが初のヨーロッパ人として上陸。それを機に捕鯨やオットセイ猟、木材などを目的にヨーロッパから渡ってくる人が増え、マオリとの交易が活発に。1790年頃からヨーロッパ人の入植が本格的にはじまりました。

ワイタンギ条約の締結と紛争

　ヨーロッパ人の人口が増加するにつれ、マオリとの間で土地をめぐる諍いが起こるようになります。それを鎮めるため、1840年、北島のワイタンギでイギリス政府とマオリの酋長たちによる協議が行われ、ワイタンギ条約が結ばれました。これによりマオリはイギリス国民としての権利を得て、ニュージーランドはイギリスの植民地となりました。

　しかし条約を結ぶ際、英語からマオリ語に翻訳された文面に誤訳があったことから食い違いが生じ、1860年から再びイギリス軍とマオリの戦争が勃発。争いは12年も続きましたが結局マオリの敗北で決着。マオリとの問題は未解決のまま100年も放置されました。

　1975年にようやくワイタンギ条約の再審議がスタート。一部の土地がマオリに返却され、1987年にマオリ語が公用語として認められました。現在マオリ文化は、再びニュージーランドの重要なアイデンティティとして受け継がれています。

イギリスから独立し、近代国家へ

　マオリ戦争終結後、イギリス主導のインフラ整備が進み、経済的に大きな発展を遂げたニュージーランド。1931年にウェストミンスター憲章が可決され、カナダ、オーストラリア、南アフリカなどとともに自治国家としてイギリスから独立を果たしました（ただし正式な承認は1947年）。現在もイギリスとのつながりは堅調に続いていますが、オーストラリア、アメリカ、日本、アジア諸国との関係をより強めています。また、リベラルな国家を目指し、移民の受け入れや女性の社会進出にも積極的。さらに行政サービスのオンライン化をはじめ、電子政府の取り組みも進んでいます。

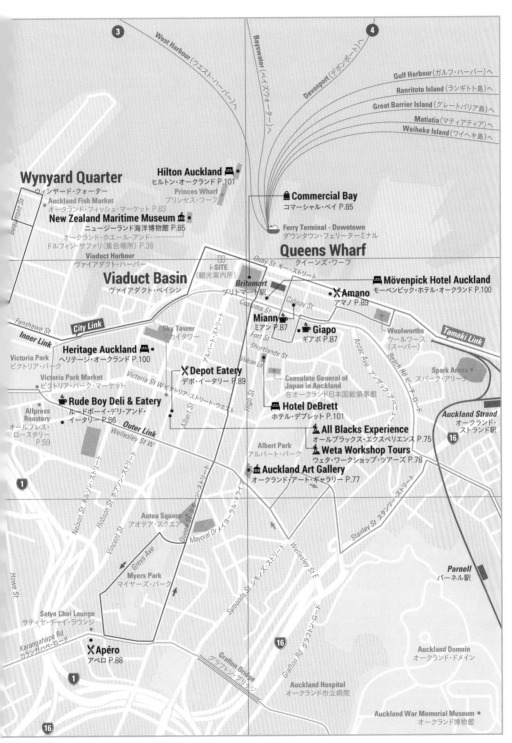

／🛍ショップ／🛏宿泊施設／🍶ワイナリー／🍺ブリュワリー／♨温泉・スパ

オークランド広域MAP

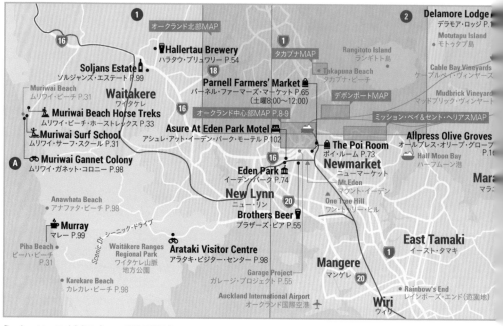

1 オークランド北部MAP

2 Delamore Lodge
デラモア・ロッジ P.

Motutapu Island
モトウタプ島

Rangitoto Island
ランギトト島

Cable Bay Vineyards
ケーブル・ベイ・ヴィンヤーズ

1 タカプナMAP

Takapuna Beach
タカプナ・ビーチ

デボンポートMAP

Mudbrick Vineyard
マッドブリック・ヴィンヤード

Hallertau Brewery
ハラタウ・ブリュワリー P.54

Soljans Estate
ソルジャンズ・エステート P.99

Muriwai Beach
ムリワイ・ビーチ P.31

Waitakere
ワイタケレ

Parnell Farmers' Market
パーネル・ファーマーズ・マーケット P.65
(土曜8:00〜12:00)

ミッション・ベイ＆セント・ヘリアスMAP

Allpress Olive Groves
オールプレス・オリーブ・グローブ
P.1

Half Moon Bay
ハーフムーン港

Muriwai Beach Horse Treks
ムリワイ・ビーチ・ホーストレックス P.33

Muriwai Surf School
ムリワイ・サーフ・スクール P.31

Asure At Eden Park Motel
アシュレ・アット・イーデン・パーク・モーテル P.102

オークランド中心部MAP P.8-9

The Poi Room
ポイ・ルーム P.73

Muriwai Gannet Colony
ムリワイ・ガネット・コロニー P.98

A

Newmarket
ニューマーケット

Mara
マラ

Anawhata Beach
アナファタ・ビーチ P.98

Eden Park
イーデン・パーク P.74

Mt.Eden
マウント・イーデン

New Lynn
ニュー・リン

One Tree Hill
ワン・ツリー・ヒル

East Tamaki
イースト・タマキ

Murray
マレー P.99

Piha Beach
ピーハ・ビーチ P.31

Waitākere Ranges
Regional Park
ワイタケレ山脈
地方公園

Brothers Beer
ブラザーズ・ビア P.55

Arataki Visitor Centre
アラタキ・ビジター・センター P.98

Mangere
マンゲレ

1

Scenic Dr シーニック・ドライブ

Karekare Beach
カレカレ・ビーチ P.98

Garage Project
ガレージ・プロジェクト P.55

Auckland International Airport
オークランド国際空港

Rainbow's End
レインボーズ・エンド(遊園地)

Wiri
ウィリ

ミッション・ベイ＆セント・ヘリアスMAP

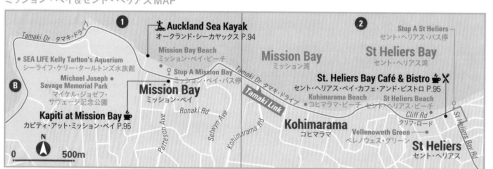

Tamaki Dr タマキ・ドライブ

1 **Auckland Sea Kayak**
オークランド・シーカヤックス P.94

2 Stop A St Heliers
セント・ヘリアス・バス停

Mission Bay
ミッション湾

St Heliers Bay
セント・ヘリアス湾

SEA LIFE Kelly Tarlton's Aquarium
シーライフ・ケリー・タールトンズ水族館

Mission Bay Beach
ミッション・ベイ・ビーチ

Stop A Mission Bay
ミッション・ベイ・バス停

St. Heliers Bay Café & Bistro P.95
セント・ヘリアス・ベイ・カフェ・アンド・ビストロ P.95

Michael Joseph
Savage Memorial Park
マイケル・ジョセフ・
サヴェージ記念公園

B

Mission Bay
ミッション・ベイ

Tamaki Dr タマキ・ドライブ

Kohimarama Beach
コヒマラマ・ビーチ

St Heliers Beach
セント・ヘリアス・ビーチ

Kapiti at Mission Bay
カピティ・アット・ミッション・ベイ P.95

Ronaki Rd

Patteson Ave

Selwyn Ave

Kohimarama Rd

Tamaki Link

Kohimarama
コヒマラマ

Vellenoweth Green
ベレノウェス・グリーン

Cliff Rd
クリフ・ロード

St Heliers Bay Rd

St Heliers
セント・ヘリアス

0 — 500m

N

デボンポートMAP

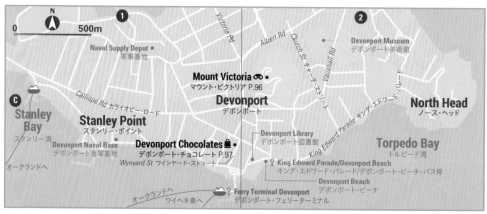

0 — 500m

N

1

Victoria Rd

Albert Rd

Church St チャーチ・ストリート

2 Devonport Museum
デボンポート美術館

Naval Supply Depot
軍事基地

Mount Victoria
マウント・ビクトリア P.96

Vauxhall Rd

North Head
ノース・ヘッド

C

Calliope Rd カライオピー・ロード

Devonport
デボンポート

King Edward Parade キング・エドワード・パレード

Stanley Bay
スタンリー湾

Stanley Point
スタンリー・ポイント

Devonport Naval Base
デボンポート海軍基地

Devonport Chocolates
デボンポート・チョコレート P.97

Wynyard St ワインヤード・ストリート

Devonport Library
デボンポート図書館

Torpedo Bay
トルピード湾

オークランドへ

King Edward Parade/Devonport Beach
キング・エドワード・パレード/デボンポート・ビーチ・バス停

Devonport Beach
デボンポート・ビーチ

オークランドへ
ワイヘキ島へ

Ferry Terminal Devonport
デボンポート・フェリーターミナル

🏛 美術館、博物館、施設／🏃 体験型アクティビティ／🏄 サーフスポット／🚴 ビュースポット／☕ カフェ／🍴 レストラン、バー

ウェリントン広域 MAP

- 🛍 **Waiheke Wine Centre**
  ワイヘキ・ワイン・センター P.52
- **Oneroa** オネロア — ✕ **Ki Māha** キ・マハ P.105
- Man O' War • マン・オー・ウォー
- **Waiheke Island** ワイヘキ島
- 🍷 **Tantalus Estate** タンタラス・エステート P.48
- Te Motu Vinyard • テ・モツ・ヴィンヤード
- Chamberlins Island • チェンバーリンズ島
- 🍷 **Stonyridge Vineyard** ストーニーリッジ・ヴィンヤード P.105
- Waitawa Regional Park ワイタワ・リージョナル・パーク
- Fourforty Mountain Bike Park フォーフォーティ・マウンテンバイク・パーク

0 — 10km

- Sky Stadium • スカイ・スタジアム
- **Wellington Interislander Ferry Terminal** ウェリントン・インター アイランダー・フェリー・ターミナル
- **Wellington Railway Station** ウェリントン鉄道駅
- Lameton Quay ラムトン・キー
- **Queens Wharf** クイーンズ・ワーフ
- Picton (ピクトン/南島) へ
- Seatoun Wharf (シートン・ワーフ) へ
- **Wellington Harbour** ウェリントン港
- 🚲 **Zealandia** ジーランディア P.38
- **Te Aro** テ・アロ
- **Oriental Bay** オリエンタル・ベイ
- Mount Victoria Lookout マウント・ビクトリア・ルックアウト
- **Hataitai** ハタイタイ
- **Brooklyn** ブルックリン
- Prince of Wales Park プリンス・オブ・ウェルス・パーク
- Frank's フランクス P.113
- 🏭 **Weta Workshop Tours** ウェタ・ワークショップ・ツアー P.78
- **Evans Bay** エバンス湾
- **Miramar** ミラマー
- ウェリントン中心部 MAP P.12
- **Newtown** ニュータウン
- New World ニューワールド(スーパー)
- Wellington Zoo ウェリントン動物園
- New World ニューワールド(スーパー)
- Woolworths ウールワース(スーパー)
- Pak'n Save パックンセーブ(スーパー)
- **Seatoun Wharf** シートン・ワーフ
- ✈ **Wellington International Airport** ウェリントン国際空港
- **Lyall Bay** ライアル湾

0 — 1km

オークランド北部 MAP

- **Matakana** マタカナ P.103
- マタカナ MAP
- Omaha Bay オマハ湾
- Omaha Beach オマハ・ビーチ P.103
- Matakana Rd
- Warkworth ワークワース
- **Kawau Bay** カワウ湾
- Kawau Island カワウ島
- 🍷 **Brick Bay** ブリック・ベイ P.49
- Parry Kauri Park パリー・カウリ・パーク
- **Tāwharanui Regional Park** タファラヌイ自然公園 P.38
- **Hauraki Gulf** ハウラキ湾 P.38
- Orewa Beach オレワ・ビーチ
- Whangaparaoa Peninsula ファンガパラオア半島
- Gulf Harbour ガルフ・ハーバー
- 🚲 **Tiri Tiri Matangi Island** ティリ・ティリ・マタンギ島 P.38
- Daily Flat Hwy デイリー・フラット・ハイウェイ
- Browns Bay ブラウンズ・ベイ
- Albany オルバニー
- ☕ **Purrs & Beans NZ** パース&ビーンズ・ニュージー P.40
- タカプナ MAP
- Rangitoto Island ランギトト島
- オークランド中心部 MAP P.8-9
- 🚲 **Takapuna** タカプナ P.96

0 — 10km

タカプナ MAP

- **Lake Pupuke** ププケ湖
- Rose Garden ローズ・ガーデン
- ☕ **Takapuna Beach Cafe** タカプナ・ビーチ・カフェ P.97
- Hurstmere Rd
- **Takapuna** タカプナ
- 🛍 **Takapuna Sunday Markets** タカプナ・サンデー・マーケット P.65 (日曜6:00〜12:00)
- Killarney St キラーニー・ストリート
- The Terrace
- Shore City Shopping Centre ショア・シティ・ショッピング・センター
- Stop A Takapuna タカプナ・バス停
- Takapuna Beach タカプナ・ビーチ
- Anzac St アンザック・ストリート
- Burns Ave
- Lake Rd レイク・ロード
- Takapuna Library タカプナ図書館
- Northcroft St
- The Department Store ザ・デパートメント・ストア
- Barrys Point Rd
- Woolworths ウールワース(スーパー)
- Bracken Ave

0 — 300m

マタカナ MAP

- 🍺 **The Sawmill Brewery + The Smoko ROOM** ザ・ソーミル・ブリュワリー + スモウコウ・ルーム P.54
- Omaha River オマハ川
- **Matakana Oysters** マタカナ・オイスター P.103
- Broadlands Dr ブロードランズ・ドライブ
- Leigh Rd
- Omaha Flats Rd
- ✕ Sculptureum スカルプチュレリム(美術館)
- OOB Icecream オーオービー・アイスクリーム
- Matakana Valley Rd
- Honest Chocolat オネスト・ショコラ
- Providence Vineyard プロヴィダンス・ヴィンヤード
- 🛍 **Matakana Village Farmers' Market** マタカナ・ビレッジ・ファーマーズ・マーケット P.65 (土曜8:00〜13:00)
- Matakana Rd
- Matakana River マタカナ川
- Takatu Road

0 — 1km

/ 🛍 ショップ / 🏨 宿泊施設 / 🍷 ワイナリー / 🍺 ブリュワリー / ♨ 温泉・スパ

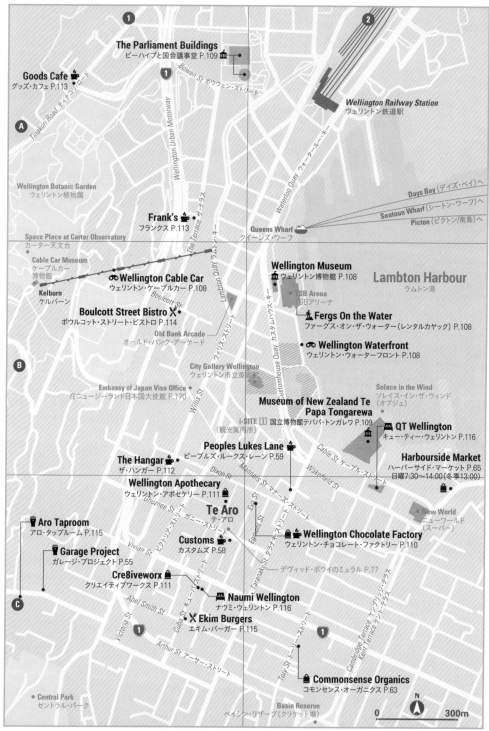

The Parliament Buildings
ビーハイブと国会議事堂 P.109

Goods Cafe
グッズ・カフェ P.113

Tinakori Road ティナコリ・ロード

A

Wellington Urban Motorway
ウェリントン・アーバン・モーターウェイ

Bowen St ボウェン・ストリート

Wellington Railway Station
ウェリントン鉄道駅

2

Wellington Botanic Garden
ウェリントン植物園

Waterloo Quay ウォータールー・キー

Days Bay（デイズ・ベイ）へ
Seatoun Wharf（シートゥン・ワーフ）へ
Picton（ピクトン/南島）へ

Frank's
フランクス P.113

The Terrace ザ・テラス

Queens Wharf
クイーンズ・ワーフ

Space Place at Carter Observatory
カーター天文台

Cable Car Museum
ケーブルカー
博物館

Wellington Cable Car
ウェリントン・ケーブルカー P.108

Kelburn
ケルバーン

Lambton Quay ランブトン・キー

Boulcott St ボウルコット・ストリート

Wellington Museum
ウェリントン博物館 P.108

Lambton Harbour
ラムトン港

TSB Arena
TSBアリーナ

Fergs On the Water
ファーグス・オン・ザ・ウォーター（レンタルカヤック）P.108

Boulcott Street Bistro
ボウルコット・ストリート・ビストロ P.114

Old Bank Arcade
オールド・バンク・アーケード

クイーンズ・ストリート

Customhouse Quay カスタムハウス・キー

Wellington Waterfront
ウェリントン・ウォーターフロント P.108

B

City Gallery Wellington
ウェリントン市立美術館

Willis St ウィリス・ストリート

Embassy of Japan Visa Office
在ニュージーランド日本国大使館 P.170

i-SITE
（観光案内所）

Museum of New Zealand Te
Papa Tongarewa
国立博物館テパパ・トンガレワ P.109

Cable St ケーブル・ストリート

Solace in the Wind
ソレイス・イン・ザ・ウィンド
（オブジェ）

QT Wellington
キュー・ティー・ウェリントン P.116

Peoples Lukes Lane
ピープルズ・ルークス・レーン P.59

Harbourside Market
ハーバーサイド・マーケット P.65
日曜7:30〜14:00（冬季13:00）

The Hangar
ザ・ハンガー P.112

Dixon St ディクソン・ストリート

Manners St マナーズ・ストリート

Wakefield St ウェイクフィールド・ストリート

Wellington Apothecary
ウェリントン・アポセケリー P.111

Ghuznee St ガーズニー・ストリート

Te Aro
テ・アロ

Eva St エヴァ・ストリート

New World
ニューワールド
（スーパー）

Aro Taproom
アロ・タップルーム P.115

Vivian St ヴィヴィアン・ストリート

Cuba St キューバ・ストリート

Egmont St エグモント・ストリート

Wellington Chocolate Factory
ウェリントン・チョコレート・ファクトリー P.110

Garage Project
ガレージ・プロジェクト P.55

Customs
カスタムズ P.58

Taranaki St タラナキ・ストリート

デヴィッド・ボウイのミュラル P.77

Cre8iveworx
クリエイティブワークス P.111

Abel Smith St アベル・スミス・ストリート

Naumi Wellington
ナウミ・ウェリントン P.116

C

Victoria St ヴィクトリア・ストリート

Ekim Burgers
エキム・バーガー P.115

Arthur St アーサー・ストリート

1

1

Tory St トーリー・ストリート

Cambridge Terrace ケンブリッジ・テラス
Kent Terrace ケント・テラス

Central Park
セントラル・パーク

Commonsense Organics
コモンセンス・オーガニクス P.63

Basin Reserve
ベイスン・リザーブ（クリケット場）

N

0   300m

美術館、博物館、施設／体験型アクティビティ／サーフスポット／ビュースポット／カフェ／レストラン、バー

ロトルア中心部 MAP

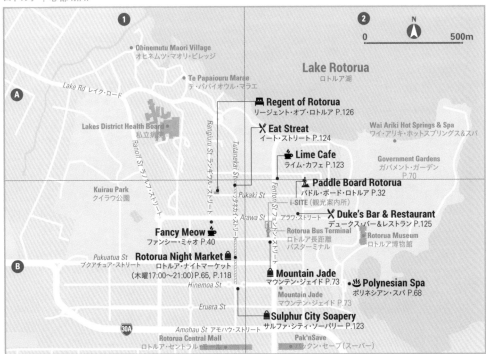

①　**②**

N

0　　　　　　500m

Lake Rotorua
ロトルア湖

Ⓐ

Lake Rd レイク・ロード

Ohinemutu Maori Village
オヒネムツ・マオリ・ビレッジ

Te Papaiouru Marae
テ・パパイオウル・マラエ

Regent of Rotorua
リージェント・オブ・ロトルア P.126

Wai Ariki Hot Springs & Spa
ワイ・アリキ・ホットスプリングス&スパ

Lakes District Health Board
私立病院

Eat Streat
イート・ストリート P.124

Government Gardens
ガバメント・ガーデン P.70

Lime Cafe
ライム・カフェ P.123

Paddle Board Rotorua
パドル・ボード・ロトルア P.32

i-SITE (観光案内所)

Kuirau Park
クイラウ公園

Pukaki St

Arawa St

Duke's Bar & Restaurant
デュークス・バー&レストラン P.125

Fancy Meow
ファンシー・ミャオ P.40

Rotorua Bus Terminal
ロトルア長距離
バスターミナル

Rotorua Museum
ロトルア博物館

Pukuatua St
プクアチュア・ストリート

Rotorua Night Market
ロトルア・ナイトマーケット
(木曜17:00〜21:00) P.65, P.118

Hinemoa St

Mountain Jade
マウンテン・ジェイド P.73

Polynesian Spa
ポリネシアン・スパ P.68

Mountain Jade
マウンテン・ジェイド P.73

Eruera St

30A

Amohau St アモハウ・ストリート

Sulphur City Soapery
サルファ・シティ・ソーパリー P.123

Rotorua Central Mall
ロトルア・セントラル・モール

Pak'nSave
パック・ン・セーブ (スーパー)

ロトルア広域 MAP

N

0　　　　　5km

Okere Falls Park
オケレ・フォールズ・パーク

Okere Falls Store
オケレ・フォールズ・ストア P.124

Kaituna Cascades Rafting Company
カイツナ・カスケーズ・ラフティング・カンパニー P.33

33

Lake Rotoiti
ロトイティ湖

36

Ⓒ

Hell's Gate Mud Bath and Spa
ヘルズ・ゲート・マッドバス&スパ P.68

Lake Rotorua
ロトルア湖

Mokoia Island
モコイア島

30

5

廃線跡

The National Kiwi Hatchery
ナショナル・キーウィ・
ハッチェリー P.38

Skyline Rotorua
スカイライン・ロトルア

Mount Ngongotaha
ノンゴタハ山頂駅

Rotorua Canopy Tours
ロトルア・キャノピー・ツアーズ P.121

Rotorua Railway Station
ロトルア鉄道駅跡

Rotorua Regional Airport
ロトルア・
リージョナル空港

Ⓓ

Volcanic Hills Winery and Tasting Room
ヴォルケニック・ヒルズ・ワイナリー・アンド・
テイスティング・ルーム P.125

ロトルア中心部MAP

30

5

Redwoods Whakarewarewa Forest
レッドウッド・ファカレワレワ・
フォレスト P.122

Geyser Lookout BnB
ガイザー・ルックアウトB&B P.126

30

Te Puia
テ・プイア P.72

ロトルア南部 MAP

②

ロトルア広域MAP

Waimangu Volcanic Valley
ワイマング火山渓谷 P.24

Ⓒ

Wai-O-Tapu Thermal Wonderland
ワイオタプ・サーマル
ワンダーランド P.120

30

Lady Knox Geyser
レディ・ノックス間欠泉

Lake Ohakuri
オハクリ湖

5

①

Kerosene Creek
ケロシン・クリーク P.67 (野湯)

Hukafalls Jet Taupo
フカ・フォールズ・ジェット・タウポ P.122

Ⓓ

Huka Falls River Cruise
フカ・フォールズ・リバー・クルーズ P.122

Huka Falls
フカ・フォールズ P.122

Lake Taupo
タウポ湖 P.122

N

0　　　　10km

①

／🛍ショップ／🏨宿泊施設／🍷ワイナリー／🍺ブリュワリー／♨温泉・スパ

クライストチャーチ中心部MAP

ストリートアート（P.77）の見られる主なエリア

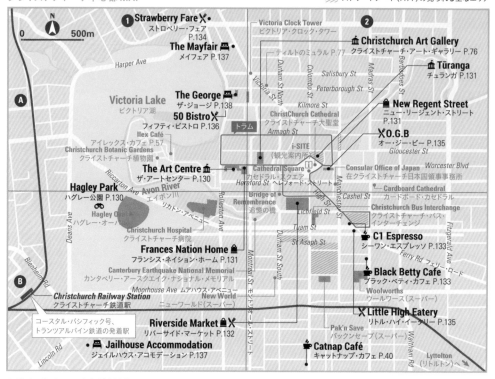

1 Strawberry Fare ✕ •
ストロベリー・フェア
P.134

The Mayfair 🏨
メイフェア P.137

Victoria Clock Tower
ビクトリア・クロック・タワー

2

🏛 Christchurch Art Gallery
クライストチャーチ・アート・ギャラリー P.76

🏛 Tūranga
チュランガ P.131

ティルトのミュラル P.77

Victoria Lake
ビクトリア湖

The George 🏨 •
ザ・ジョージ P.138

🏛 New Regent Street
ニュー・リージェント・ストリート
P.131

50 Bistro ✕
フィフティ・ビストロ P.136

ChristChurch Cathedral
クライストチャーチ大聖堂

✕ O.G.B
オー・ジー・ビー P.135

Ilex Café
アイレックス・カフェ P.57

トラム

Christchurch Botanic Gardens
クライストチャーチ植物園

i-SITE
（観光案内所）

Consular Office of Japan
在クライストチャーチ日本国領事事務所

The Art Centre 🏛
ザ・アートセンター P.130

Cathedral Square
カセドラル・スクエア

A

Hagley Park
ハグレー公園 P.130

Hereford St ヘレフォード・ストリート

Cardboard Cathedral
カードボード・カセドラル

Hagley Oval 🚲
ハグレー・オーバル

Bridge of
Remembrance
追憶の橋

Christchurch Bus Interchange
クライストチャーチ・バス・
インターチェンジ

Christchurch Hospital
クライストチャーチ病院

C1 Espresso
シーワン・エスプレッソ P.133

Frances Nation Home 🏛
フランシス・ネイション・ホーム P.131

Black Betty Cafe
ブラック・ベティ・カフェ P.133

B

Canterbury Earthquake National Memorial
カンタベリー・アースクエイク・ナショナル・メモリアル

Woolworths
ウールワース（スーパー）

Moorhouse Ave ムアハウス・アベニュー

New World
ニューワールド（スーパー）

Little High Eatery
リトル・ハイ・イータリー P.135

Christchurch Railway Station
クライストチャーチ鉄道駅

コースタル・パシフィック号、
トランツアルパイン鉄道の発着駅

Riverside Market 🏛 ✕
リバーサイド・マーケット P.132

Pak'n Save
パックンセーブ（スーパー）

🚗 Jailhouse Accommodation
ジェイルハウス・アコモデーション P.137

🏛 Catnap Café
キャットナップ・カフェ P.40

Lyttelton
（リトルトン）へ

クライストチャーチ広域MAP

クライストチャーチ国際空港 ✈

1 Christchurch
クライストチャーチ

🚲 New Brighton
ニューブライトン P.140

TranzAlpine Train
トランツアルパイン鉄道

中心部MAP

2

🏛 Christchurch Farmers' Market
クライストチャーチ・ファーマーズ・マーケット P.65（土曜9:00〜13:00）

Riccarton Bush
リカートン・ブッシュ

Christchurch Gondola
クライストチャーチ・ゴンドラ

Sumner Beach
サムナー・ビーチ P.129

South Pacific Ocean
南太平洋

C

Port Hills 🚲
ポートヒルズ P.140

Lyttelton
リトルトン

Pigeon Bay
ピジョン湾

🏛 The Riccarton Market
ザ・リカトン・マーケット P.65
（日曜9:00〜14:00）

Banks Peninsula
バンクス半島

D

Lake Ellesmere
エルズミア湖

Lake Forsyth
フォーサイス湖

Shamarra Alpacas 🏛 •
シャマラ・アルパカ P.141

🚲 Akaroa
アカロア P.141

• The Giants House
ザ・ジャイアンツ・ハウス

Black Cat Cruise 🏛
ブラック・キャット・クルーズ P.141

0 10km

14 🏛 美術館、博物館、施設／🏛体験型アクティビティ／🏛サーフスポット／🚲ビュースポット／🏛カフェ／✕レストラン、バー

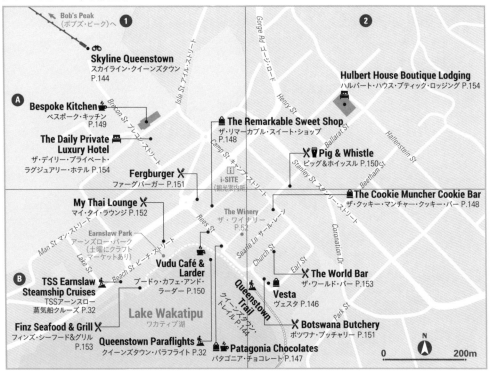

1 Bob's Peak（ボブズ・ピーク）へ

Skyline Queenstown
スカイライン・クイーンズタウン
P.144

Gorge Rd ゴージ・ロード

2

Hulbert House Boutique Lodging
ハルバート・ハウス・ブティック・ロッジング P.154

A Bespoke Kitchen
ベスポーク・キッチン
P.149

The Daily Private Luxury Hotel
ザ・デイリー・プライベート・
ラグジュアリー・ホテル P.154

Isle St アイル・ストリート

Beacon St ビーコン・ストリート

Camp St キャンプ・ストリート

Henry St

Ballarat St

Hallenstein St

The Remarkable Sweet Shop
ザ・リマーカブル・スイート・ショップ
P.148

Pig & Whistle
ピッグ＆ホイッスル P.150

Stanley St スタンレー・ストリート

Beetham St

Fergburger
ファーグバーガー P.151

i-SITE
（観光案内所）

My Thai Lounge
マイ・タイ・ラウンジ P.152

The Cookie Muncher Cookie Bar
ザ・クッキー・マンチャー・クッキー・バー P.148

Man St マン・ストリート

Earnslaw Park
アーンズロー・パーク
（土曜にクラフト
マーケットあり）

Reas St

The Winery
ザ・ワイナリー
P.52

Searle Ln サール・レーン

Church St

Coronation Dr

B TSS Earnslaw Steamship Cruises
TSSアーンズロー
蒸気船クルーズ P.32

Lake St

Beach St ビーチ・ストリート

Vudu Café & Larder
ブードゥ・カフェ・アンド・
ラーダー P.150

Queenstown Trail クイーンズタウン・トレイル P.144

Earl St

The World Bar
ザ・ワールド・バー P.153

Vesta
ヴェスタ P.146

Lake Wakatipu
ワカティプ湖

Finz Seafood & Grill
フィンズ・シーフード＆グリル
P.153

Queenstown Paraflights
クイーンズタウン・パラフライト P.32

Patagonia Chocolates
パタゴニア・チョコレート P.147

Park St

Botswana Butchery
ボツワナ・ブッチャリー P.151

N

0 ──── 200m

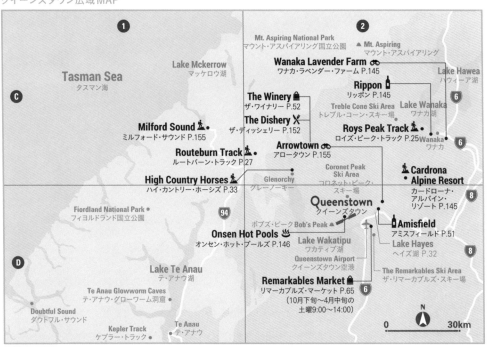

1

2

Mt. Aspiring National Park
マウント・アスパイアリング 国立公園

Mt. Aspiring
マウント・アスパイアリング

C

Tasman Sea
タスマン海

Lake Mckerrow
マッケロウ湖

Wanaka Lavender Farm
ワナカ・ラベンダー・ファーム P.145

Rippon
リッポン P.145

Lake Hawea
ハウィーア湖

6

Milford Sound
ミルフォード・サウンド P.155

The Winery
ザ・ワイナリー P.52

The Dishery
ザ・ディッシェリー P.152

Treble Cone Ski Area
トレブル・コーン・スキー場

Lake Wanaka
ワナカ湖

Roys Peak Track
ロイズ・ピーク・トラック P.25

Wanaka
ワナカ

6

Routeburn Track
ルートバーン・トラック P.27

Arrowtown
アロータウン P.155

Coronet Peak
Ski Area
コロネット・ピーク・
スキー場

Cardrona Alpine Resort
カードローナ・
アルパイン・
リゾート P.145

8

High Country Horses
ハイ・カントリー・ホーシズ P.33

Glenorchy
グレノーキー

Queenstown
クイーンズタウン

Fiordland National Park
フィヨルドランド国立公園

94

ボブズ・ピーク Bob's Peak

Onsen Hot Pools
オンセン・ホット・プールズ P.146

Lake Wakatipu
ワカティプ湖

Queenstown Airport
クイーンズタウン空港

Amisfield
アミスフィールド P.51

Lake Hayes
ヘイズ湖 P.32

8

D

Lake Te Anau
テ・アナウ湖

Te Anau Glowworm Caves
テ・アナウ・グローワーム洞窟

Doubtful Sound
ダウトフル・サウンド

Te Anau
テ・アナウ

Kepler Track
ケプラー・トラック

Remarkables Market
リマーカブルズ・マーケット P.65
（10月下旬～4月中旬の
土曜9:00～14:00）

6

The Remarkables Ski Area
ザ・リマーカブルズ・スキー場

N

0 ──── 30km

🛍ショップ／🏨宿泊施設／🍷ワイナリー／🍺ブリュワリー／♨温泉・スパ

ダニーデン中心部 MAP　　🖌 ストリートアート（P.77）の見られる主なエリア　　セント・クレア MAP

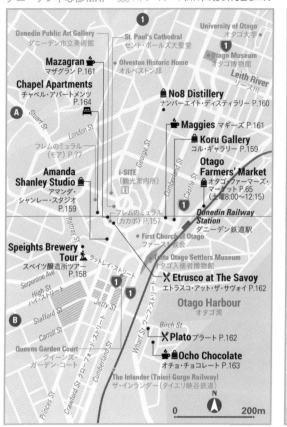

- Dunedin Public Art Gallery
  ダニーデン市立美術館
- ① University of Otago
  オタゴ大学
- St. Paul's Cathedral
  セント・ポールズ大聖堂
- Otago Museum
  オタゴ博物館
- Mazagran ☕
  マザグラン P.161
- Olveston Historic Home
  オルベストン邸
- Leith River
  リース川
- Chapel Apartments
  チャペル・アパートメンツ P.164
- Ⓐ
- No8 Distillery
  ナンバーエイト・ディスティラリー P.160
- プレムのミュラル（モア）P.77
- Maggies マギーズ P.161
- Koru Gallery
  コル・ギャラリー P.159
- Otago Farmers' Market
  オタゴファーマーズ・マーケット P.65（土曜8:00～12:15）
- Amanda Shanley Studio
  アマンダ・シャンレー・スタジオ P.159
- i-SITE（観光案内所）
- プレムのミュラル（カカポ）P.157
- Ⓐ ① Dunedin Railway Station
  ダニーデン鉄道駅
- First Church of Otago
  ファースト教会
- Toitu Otago Settlers Museum
  オタゴ入植者博物館
- Speights Brewery Tour
  スペイツ醸造所ツアー P.158
- ① ① Etrusco at The Savoy
  エトラスコ・アット・ザ・サヴォイ P.162
- Ⓑ
- Otago Harbour
  オタゴ湾
- Birch St
- Plato プラート P.162
- Queens Garden Court
  クイーンズ・ガーデン・コート
- Ocho Chocolate
  オチョ・チョコレート P.163
- The Inlander (Taieri Gorge Railway)
  ザ・インランダー（タイエリ峡谷鉄道）
- 0　　　200m

セント・クレア MAP

- ②
- Fe29 Gallery
  Fe29ギャラリー
- Esplanade エスプラネード（イタリアン）
- Ⓐ Wander and Sons
  ワンダー・アンド・サンズ P.160
- St. Clair Bus Stop
  セント・クレア・バス停
- Hotel St. Clair
  ホテル・セント・クレア P.164
- St. Clair Beach
  セント・クレア・ビーチ
- クリフス・ロード
- Long Dog Café
  ロング・ドッグ・カフェ
- Ⓑ St. Clair Hot Salt Water Pool
  海水プール（夏のみ）P.158
- Second Beach
  セカンド・ビーチ
- Walking Access Second Beach
- 0　　　200m

ダニーデン広域 MAP

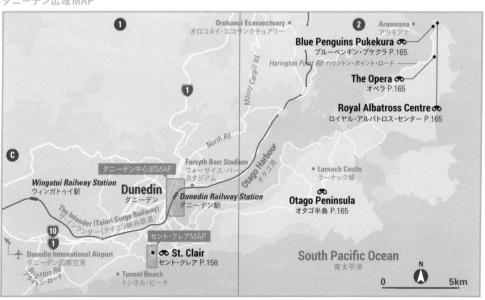

- ①
- Orokonui Ecosanctuary
  オロコヌイ・エコサンクチュアリー
- ② Aramoana
  アラモアナ
- Blue Penguins Pukekura
  ブルーペンギン・プケクラ P.165
- The Opera
  オペラ P.165
- Royal Albatross Centre
  ロイヤル・アルバトロス・センター P.165
- ①
- Ⓒ
- ダニーデン中心部 MAP
- Wingatui Railway Station
  ウィンガトゥイ駅
- Dunedin
  ダニーデン
- Dunedin Railway Station
  ダニーデン駅
- Forsyth Barr Stadium
  フォーサイス・バー・スタジアム
- Larnach Castle
  ラーナック城
- The Inlander (Taieri Gorge Railway)
  ザ・インランダー（タイエリ峡谷鉄道）
- ⑩
- Otago Peninsula
  オタゴ半島 P.165
- セント・クレア MAP
- Dunedin International Airport
  ダニーデン国際空港
- St. Clair
  セント・クレア P.158
- Tunnel Beach
  トンネル・ビーチ
- South Pacific Ocean
  南太平洋
- 0　　　5km

16

Nature
自然と遊ぶ

1 © Ultimate Hikes

2 © Ultimate Hikes

3

大自然を遊び尽くす
究極のアドベンチャー体験

　　日本の4分の3ほどの国土に、約520万人が暮らすニュージーランド。手付かずの自然が残されている一方、開拓時代には森の伐採など環境破壊が進み、巨鳥モアをはじめとする固有種が絶滅あるいは大幅に数を減らした悲しい歴史も持っています。

　　それを反省し、環境保護の先進国となったのが現在のニュージーランド。動植物を守るために国内の3分の1を国立公園もしくは保護区に指定し、この国本来の自然を取り戻すための努力を続けています。

　　日本と同様、四季のある南北に長い島国で、北島と南島では気候や景観がまるで異なり、季節ごとに表情もガラリと変わります。北島北部は鬱蒼とした亜熱帯雨林、北島中央部は活発な火山、南島には雄大なサザンアルプスや氷河と、自然景観も多様。そのまわりを美しい海が囲み、透明度が高く豊かな川と湖もあちこちに。そんな絶景をただ眺めるだけではなく、存分に遊んでこそ、自然の持つパワーを体感できるでしょう。人と自然との距離が近いニュージーランドで、多彩なアウトドアアクティビティにトライしてみてください。

1.ルートバーン・トラックで見られる落差174mのアーランド・フォールズは迫力満点。／**2.**ルートバーン・トラックのキーサミットは森林限界を超えた高山に広がる湿地帯。／**3.**山と湖に囲まれたクイーンズタウンはアクティビティの宝庫。／**4.**南島の山岳地帯にのみ生息する鳥、ケア。

4　© Ultimate Hikes

Mountains & Forests

山と森

神々が宿る豊潤な大地

　天空神（ランギヌイ）と地母神（パパ・トゥ・ア・ヌク）との間に生まれた森の神（タネ・マフタ）の神話をはじめ、マオリの伝説の数々が残るニュージーランドの山と森。どこか神々しく、足を踏み入れるたびに畏敬の念さえ覚えます。地球の力あふれる山と森の魅力に浸ってみましょう。

ニュージーランドのトレッキングコースは
歩きやすく整備されているところが多い。

Trekking
トレッキング

火山から氷河まで息をのむ絶景がお待ちかね

© Ururugle Hikes

1.絶景が堪能できるニュージーランドのトレッキング。／**2.**ミルフォード・トラックの最高地点マッキンノン峠（標高1,069m）。

ニュージーランドでは「トランピング」（Tramping＝「てくてく歩く」の意味）と呼ばれる国民的アクティビティ。30分程度で歩ける軽いモノから山小屋に宿泊する本格派まで無数のトレイルがのび、都市からすぐにアクセスできるコースもたくさん。「登山をするぞ」と意気込まなくても気軽にトライできます。

この国でトレッキングをする魅力は、短い距離でも変化に富んだ風景が楽しめること。そしてクマや毒ヘビといった危険な生物がいないので安心して歩けることもポイントです。どのエリアにも素晴らしいウォーキングトラックがあるので、ぜひ半日でも時間をつくって大自然に触れてみてください。

⚠ トレッキングの注意点

◎ トレッキングのシーズン

ベストシーズンは春から秋（10〜4月）。ピークシーズン（12〜2月）は交通機関、宿泊施設、山小屋などが混み合うので早めの予約が必須。シーズン外でも悪天候でなければトレッキング可能なコースがたくさんありますが、事前に必ず気象情報を確認しましょう。
◎**MetService**（ニュージーランドの天気予報サイト）
metservice.com

◎ ビジターセンターで情報収集をしよう

情報取集はトレッキングコースのベースタウンにある環境保護省（DOC＝Department of Conservation）のビジターセンターや観光案内所i-SITEで。山小屋に宿泊するロングトレッキングの場合、夏のシーズン中は事前に予約と支払いが必要です。宿泊人数は限りがあるので申し込みはお早めに。また、携帯電話は圏外になる場合も。コースはわかりやすく整備されているので迷うことはほぼありませんが、心配な場合は地図を入手しましょう。

◎ 気温の変化に対応できる装備を

ニュージーランドは天気が変わりやすく、急に雨が降ったり寒くなったりすることがあります。夏でも防寒着や雨具の用意を忘れずに。速乾性のある素材なら汗をかいても快適です。コースにもよりますが、歩き慣れたトレッキングシューズを持参しましょう。また、紫外線は日本の約7倍強いといわれるので日焼け対策も万全に。サングラス、日焼け止め、帽子はマストです。

◎ サンドフライに要注意

夏はブヨの一種サンドフライに注意しましょう。毒はありませんが、刺されると非常にかゆく、数週間腫れが引かないことがあります。入山前に虫除けスプレーなどの対策をし、長袖シャツや長ズボンを着用して肌の露出をなるべく避けましょう。

歩く楽しさが凝縮されたコース

Hooker Valley Track

フッカー・バレー・トラック

難易度：★★☆

距離：往復10km

所要：往復3〜4時間

　整備されたトレイルはほぼフラットで、トレッキング初心者や運動が苦手な人でも問題なく歩けます。そのうえ景色の素晴らしさはニュージーランドでも有数という最高のコース。距離は片道5kmとやや長いので飲料水と食料を準備して出かけましょう（途中トイレあり）。

　出発地点はホワイトホースヒル・キャンプ場。ここからミューラー氷河湖、マウント・セフトン、ミューラー氷河などを眺めながらフッカー川に架かる3つの吊り橋を渡り、平原を歩いてゴール地点のフッカー氷河湖へ。氷河湖の向こうには標高3,724mのニュージーランド最高峰アオラキ/マウント・クックの神々

しい姿が望めて感動的です。お散歩気分で歩け、壮大な山岳風景が望める——ニュージーランドのトレッキングの魅力を凝縮したようなコースといえるでしょう。アオラキ/マウント・クック国立公園には、ほかにも健脚向けのセアリー・ターンズ・トラックや短距離でサクッと歩けるケア・ポイント・トラックなどいくつものコースがあるので、数日滞在して踏破するのもおすすめです。

Hooker Valley Track
🌐 doc.govt.nz/hooker-valley-track

Aoraki/Mount Cook National Park
🌐 doc.govt.nz/parks-and-recreation/places-to-go/canterbury/places/aoraki-mount-cook-national-park

ACCESS

🚌 クライストチャーチから長距離バスで約5時間20分、クイーンズタウンからは約4時間45分（それぞれ1日約1本、主にグレートサイツ社のツアーバスが運行）／intercity.co.nz（「Mount Cook (Aoraki)」で検索）
MAP📍P.5

1.世界遺産「テ・ワヒポウナム」の一部であるアオラキ／マウント・クック国立公園。／**2.**コース上に吊り橋は3つ。これは第1の吊り橋。／**3.**のんびり歩くと約1時間30分で第2の吊り橋に到着。／**4.**11～12月にはマウントクック・リリーが見られる。／**5.**トレッキング開始後15分で現れるミューラー氷河湖とマウント・セフトン。

Course 2　地熱地帯のめずらしい生態系が見られる

ロトマハナ湖でのクルーズもぜひ参加したい。

Waimangu Volcanic Valley
ワイマング火山渓谷

難易度：★☆☆

距離：1.5〜4.5km

所要：1〜3時間

1. 1886年の噴火によってできた、コバルトブルーのインフェルノ火口湖。／**2.** あちこちから湯気が立ち上り、地球のパワーを感じられる場所。

ACCESS 🚗 ロトルアから車で約25分

587 Waimangu Rd., Rotorua／MAP📍P.13 C-2
☎ (07)366-6137（ビジターセンター）
🌐 waimangu.co.nz
🕗 8:30〜17:00
（最終入場15:30、クルーズコンボの場合は14:00）、無休
💲 大人$46〜、子ども（6〜15歳）$16〜

1886年のタラウェア火山の噴火によって形成された地熱地帯を歩くコース。火口湖やシリカのテラスなどユニークな景観が広がり、噴火跡の荒野から森が再生する様子が見られる世界でも貴重な場所です。一部を除いてほぼ平坦なうえ、コース上に無料のシャトルが走っているので時間がない人は全行程歩かなくてもOK。ゴール地点のロトマハナ湖ではクルーズも楽しめます。

Course 3　紺碧の海とリゾートタウンを望む絶景スポット

Mauao （Mount Maunganui）
マウアオ（マウント・マウンガヌイ）

3. 頂上から一望できるマウンガヌイ・ビーチはサーフィンの名所としても有名。／**4.** 夏は大勢の旅行者でにぎわう。近くにおしゃれなカフェやレストランも。

難易度：★★☆

距離：往復2.4km〜

所要：往復1時間〜1時間30分

ACCESS
🚗 ロトルアから車で約1時間
Mount Maunganui／MAP📍P.5
🌐 tauranga.govt.nz/exploring/
　parks-and-reserves/parks/mauao

北島中央部のリゾートタウン、マウント・マウンガヌイにそびえる標高230mの小高い丘。頂上まで続くトレイルがいくつか整備され、急勾配で意外ときついものの、特別な装備不要で、30分程度で登頂できます。白砂のビーチと美しい街並みが織りなす景色は感動的。コース途中にビューポイントも多いので、自分のペースでのんびり登るとよいでしょう。

Course 4
ワナカの大人気トレイル

Roys Peak Track
ロイズ・ピーク・トラック

難易度:★★★/距離:往復16km/所要:往復5〜6時間

　ワナカの町から湖沿いを車で10分程度走るとアクセスできる標高1578mのトレッキングコース。ひたすら急勾配の登り坂が続くため体力は必要ですが、登山技術なしで登頂できます。サザンアルプスの山々と湖の景色がダイナミックで、SNS映えすると大人気。牧場内にあるため、放牧されている羊たちを眺めながら登れるのも魅力です。ここの羊たちは人慣れてしているせいか近づいても逃げないため、羊の写真を撮りたい人にもぴったり。また、中腹には絶景が広がるフォトスポットも。頂上は中腹からさらに1.5km(約30分)登ったところにあります。

1.中腹からの絶景は感動のひと言。10・11月は登山禁止なので注意。/2.牧場内にトレイルが設けられている。

ACCESS 🚙 クイーンズタウンから
ロイズ・ピーク・トラックまで車で約1時間10分
💲 入山料1人$2(登山口入り口のボックスに入れる。現金のみ)/MAP📍P.15 C-2
🌐 lakewanaka.co.nz/explore/roys-peak-track

Course 5　荒涼とした世界遺産の山を縦走

Tongariro Alpine Crossing
トンガリロ・アルパイン・クロッシング

難易度:★★★

距離:19.4km

所要:7〜9時間

ACCESS
🚌 ベースタウンであるファカパパ・ビレッジ(Whakapapa Village)などの宿泊施設からシャトルバスを利用するのが一般的。スタート地点のマンガテポポ(Mangatepopo)へは6:00〜9:00頃のピックアップ、ゴール地点のケテタヒ(Ketetahi)からは15:00〜17:00頃に出発。要予約/tongarirocrossingshuttles.co.nz
🌐 tongarirocrossing.org.nz/MAP📍P.5

エメラルド湖やブルー湖など神秘的な火山湖が見られるのも魅力。入山には事前に環境保護省のサイトから予約が必要(無料)。

　映画『ロード・オブ・ザ・リング』のロケ地として知られる日帰りトラック。月面を思わせるクレーターや岩山、神秘的な湖、草原など見どころ満載。体力は必要ですが、ほかでは見られない絶景の連続です。1日がかりなので登山靴などの装備と食料・飲料水は要持参。途中に急なアップダウンがあるので滑らないよう注意。通年オープンしていますが、冬は雪山に慣れた上級者向けです。

さらなる冒険を求めて、一歩先行くトレッキング

究極の非日常を味わう
氷河トレッキング

ウエストランド/タイ・ポウティニ国立公園のなかにあるフランツ・ジョセフ氷河。

ニュージーランドには約3000もの氷河が存在し、そのほとんどは南島にあります。そのなかで旅行者が容易にアクセスできるのが、南島西海岸のフランツ・ジョセフ氷河とフォックス氷河。町から5kmと近く、周辺のウォーキングトラックから氷河を間近に見られるほか、氷河の上に降り立って青白い氷の世界を歩くこともできるのです。

かつては末端部分から氷河に入れましたが、温暖化の影響から現在はヘリコプターでのみ氷河トレッキングが可能です。1人＄695～と高額ですが、ガイドが案内するので安心ですし、クランポン（アイゼン）や専用のソックスとブーツ、防水パンツといった必要なギアのレンタル料はすべて込み。今後もハイペースで氷河が減っていくことを考えると、いつか氷河トレッキングができなくなる日が訪れるかもしれません。貴重な体験は、一生の思い出に残ること間違いなしです。

◎氷河トレッキング

Franz Josef Glacier Guides
（フランツ・ジョセフ・グレイシャー・ガイズ）

Glacier Base, 63 Cron St.,
Frans Josef Glacier
☎ (03) 752-0763
🌐 franzjosefglacier.com
💲 グレイシャー・ヘリハイク
＄695～（所要：4時間、うち氷の上にいるのは2時間30分）※参加は10歳以上。
MAP📍P.5

青白い氷河の間を歩く貴重な体験。

鏡のように美しいルートバーン・トラックのハリス湖。

© Ultimate Hikes

1.ミルフォード・トラックのコース終盤に歩くアーサー川とアイダ湖。／2.ミルフォード・トラックで見られる国内最大の滝サザーランド・フォールズ。／3.ルートバーン・トラックは絶景の連続。

写真3点すべて © Ultimate Hikes

山小屋に泊まる本格トレッキング

　日帰りも十分楽しいけれど、山小屋に宿泊しながら数日かけて歩くロングトレッキングは冒険気分が味わえ、壮大なニュージーランドの自然を満喫できます。おすすめは「世界いち美しい散歩道」と称され世界的にも有名な、全長53.5kmのミルフォード・トラック。山歩きにある程度慣れている経験者なら、フィヨルドランド国立公園とマウント・アスパイアリング国立公園にまたがる全長32kmのルートバーン・トラックに挑戦するといいでしょう。どちらもニュージーランドを代表する10のコース「グレートウォーク」に選出されています。

　山小屋というと初心者にはハードルが高く感じられるかもしれませんが、ニュージーランドの場合は清潔で、調理用ガスコンロ、マットレス（ベッド）、トイレといった設備が整ったところも多数。また、ガイドウォークを利用すれば温水シャワー付きなどワンランク上のロッジに宿泊でき、バックパックの貸し出しや食事も込みなのでラクラク。山小屋トレッキングをより快適に体験したい人におすすめです。

ニュージーランドを代表する10のコース

Great Walks
【グレートウォーク】

北島

Lake Waikaremoana
レイク・ワイカレモアナ

Tongariro Northern Circuit
トンガリロ・ノーザン・サーキット

Whanganui Journey ★
ファンガヌイ・ジャーニー

Heaphy Track ★★
ヒーフィー・トラック

★ Abel Tasman Coast Track
アベル・タスマン・コースト・トラック

★ Paparoa Track
パパロア・トラック

Milford Track
ミルフォード・トラック

★★ Routeburn Track
ルートバーン・トラック

南島

★ Kepler Track
ケプラー・トラック

★ Rakiura Track
ラキウラ・トラック

◎おすすめガイドウォーク主催会社

Ultimate Hikes (アルティメット・ハイクス)

☎(03)450-1940／🌐 ultimatehikes.co.nz
Milford Track（ミルフォード・トラック）
🛏 4泊5日(11〜4月)$2595〜
Routeburn Track（ルートバーン・トラック）
🛏 2泊3日(11〜4月)$1820〜

アルティメット・ハイクスのツアーでは快適な専用ロッジに宿泊できる。

© Ultimate Hikes

Ocean & Lakes

海と湖

——

クリスタルクリアのビーチで
水遊び

島国で湖も多いわりに、日本ではあまりウォーターアクティビティのイメージがないニュージーランド。しかしサーフィン、カヤック、セーリング、ダイビングなど水のスポーツは盛んで、全国各地にサーフクラブやヨットクラブも存在します。信じられないほどクリアなニュージーランドの海と湖で童心にかえって遊びましょう。

性別や年齢を問わず、ウォータースポーツに親しむ人が多い。

Surfing
サーフィン

ワールドクラスの波乗り天国

　日本と同様に島国であり、複雑な海岸線を持つニュージーランドは、400以上のスポットが点在する知られざるサーファーズ・パラダイス。私も暇さえあれば海に通うサーファーですが、ニュージーランドのサーフィンの大きな魅力はポイントがどこもあまり混雑しないこと、そしてやさしいローカルが多く、どこへ行ってもほぼ問題なく楽しめることです。レンタルやレッスンは地元のサーフスクールで可能です。各地の波情報は天気予報サイトのメットサービスで確認できます。

MetService(メットサービス)
metservice.com/marine/surf

ビーチブレイク、ポイントブレイクなど波質がバラエティに富んでいることも魅力。

⚠ サーフィンの注意点

◎**水温は全体的に低い**
日本とくらべると水温が低めなので、夏でもウェットスーツがあると安心です。

◎**紫外線対策を万全に**
日焼け止めはしっかりと塗り、サーフハットも用意するといいでしょう。

◎**着替える場所のないポイントもある**
トイレや更衣室、シャワー(水のみ)が整ったビーチもありますが、着替える場所がないビーチも少なくないので、女性は着替え用のポンチョを持参すると安心です。

◎**車上荒らしに要注意**
車内に貴重品を残さず、バッグなども外から見えないよう、トランクに入れましょう。

◎**サーフクラブのあるビーチへ行こう**
海のパワーやカレントが強いので、できるだけ単独でのサーフィンは避け、ライフセーバーがいるサーフクラブのあるポイントを選びましょう。

© Justin Summerton

Raglan
ラグラン

サーファーなら一度は行きたいラグランの
代名詞、マニュ・ベイ。

オークランドから車で2時間15分、ハミ
ルトンからは車で45分ほどのワイカト地方
にある、ニュージーランドを代表するサーフ
タウン。上質の波が楽しめるため、週末は
多くのサーファーで混み合います。

ラグランには主に、マニュ・ベイ（Manu
bay）、ホエール・ベイ（Whale bay）、インデ
ィケーターズ（Indicators）の3つのブレイク
があり、なかでも別名「ザ・ポイント」とも呼
ばれるポイントブレイクのマニュ・ベイは、
長いレフトが割れることで世界的にも有名
です。プロサーファーも多く、ニュージーラ
ンドのなかではローカリズムが強め。気軽に
トライしたい場合はビーチブレイク（波が崩
れる場所の地形が砂地）のヌガルヌイ・ビ
ーチ（Ngarunui Beach）がいいでしょう。

1. ラグランのi-SITE（観光案
内所）は看板もサーフボード。
／**2.** サーフィンの前後に町中
のコーヒースタンド「ラグラン・
ロースト」へ立ち寄ってみて。

Raglan Surfing School
（ラグラン・サーフィン・スクール）
Ngarunui Beach, Raglan
☎ (07)825-7327／🌐 raglansurfingschool.co.nz
💲 レンタル＝ボード2時間$35〜、3時間$45〜、
　ウェットスーツ$15／グループレッスン＝2時間$94〜
　（ギアのレンタル付き）
MAP📍P.5

🏄 Surf Spot 2 レベルに応じてポイントが選べる

1年中コンスタントに波が立つ西海岸と、ストームなどの影響でうねりが入るとクオリティの高い波が楽しめる東海岸の両方に多数のポイントがあります。西海岸ではピーハ (Piha)、ムリワイ (Muriwai)、東海岸ではテ・アライ (Te Arai)、マンガワイ・ヘッド (Mangawhai Heads)、マタカナ近くのタファラヌイ (Tawharanui) がおすすめ。オークランド中心部から西海岸へは車で約40分、東海岸へは約1時間～1時間30分。

Auckland
オークランド

1.中心部から少し離れただけで美しいビーチが広がる。/2.ムリワイ・ビーチにあるムリワイ・サーフ・スクールでは初心者から上級者までレベルに合った指導が受けられる。

Muriwai Surf School
（ムリワイ・サーフ・スクール）
458 Motutara Rd., Muriwai Beach, Auckland
☎ (021) 478-734／🌐 muriwaisurfschool.co.nz
💲 レンタル＝ボード1時間$20、1日$60、ウェットスーツ1時間$15、1日$40ほか／グループレッスン＝2時間$70（ギアのレンタル料込み）
MAP 📍 P.10 A-1

🏄 Surf Spot 3 クリーンな波を独り占めできる

Ahipara
アヒパラ

3.ピークスの先にあるムキ1というポイント。貸し切り状態でサーフィンできることも。/4.アヒパラでは交通標識もサーフィンがテーマ。

Endless Summer Lodge（エンドレス・サマー・ロッジ）
245 Foreshore Rd., Ahipara／☎ (09) 409-4181／🌐 endlesssummer.co.nz
💲 レンタル＝ボード半日$20～、ボード＆ウェットスーツ半日$25～サーフィンレッスンの手配可能
MAP 📍 P.5

SLOW DOWN BRO
#LOVE AHIPARA

個人的にもっとも好きなサーフタウン。北島北部カイタイア郊外にある小さな町で、シップレックベイ（ピークス）というポイントで長いレフトハンドブレイクが楽しめます。ピークスの先にもスーパーチューブ、ザ・ボックスなどのポイントがあり、干潮の時のみ4WDもしくは街中でレンタルできる四輪バギーでアクセス可能。ベイが小さい日は東側の90マイルビーチがおすすめ。

Lake Activities
湖のアクティビティ

1

ミルキーブルーの湖水に感激

2

1.クイーンズタウンとアロータウンの間にあるヘイズ湖は紅葉が美しい。/2.オークランドやロトルア、クライストチャーチなどではカヤックが人気。

ニュージーランドは面積1ヘクタール以上の湖を3820も有する湖の国。北島には火山湖、南島のサザンアルプス付近には氷河の浸食によって形成された湖が点在し、前者の代表格はロトルア湖やタウポ湖、後者はテカポ湖、プカキ湖、ワカティプ湖、ワナカ湖など。湖畔のトレイルをのんびり散歩するだけでも気持ちいいですし、マウンテンバイクを借りてサイクリングするのもいいでしょう。南島の秋（4〜5月頃）は湖周辺のポプラや柳が黄金色に染まり息をのむ美しさ。そのほかクルーズやカヤック、SUP、パラセーリングなどもおすすめです。

◎おすすめの湖のアクティビティ

Paddle Board Rotorua（パドル・ボード・ロトルア）
Rotorua i-SITE, 1167 Fenton Street, Rotorua（ピックアップポイント）
MAP♥ P.13-B2
☎(022)4279-136／🌐 paddleboardrotorua.com
💲ロトマハナ湖カヤックツアー＄165〜、
　パドル・ボード（SUP）ツアー＄99〜

TSS Earnslaw Steamship Cruises
（TSSアーンスロー蒸気船クルーズ）
RealNZ Visitor Centre, Steamer Wharf,
88 Beach St., Queenstown／MAP♥ P.15 B-1
☎(03)249-6000／🌐 realnz.com／⏱1時間30分 ＄99〜ほか

Queenstown Paraflights（クイーンズタウン・パラフライト）
Main Town Pier, Queenstown／MAP♥ P.15 B-1
☎0800-225-520（ニュージーランド国内通話料無料）
🌐 paraflights.co.nz／💲ソロ＄249〜、タンデム1人＄139〜ほか

3

4

3.100年以上の歴史を誇るアーンスロー蒸気船クルーズは、ワカティプ湖上からクイーンズタウンの景色を楽しめる。/4.モーターボートに引かれながら、空中散歩を楽しめるパラセーリング。

大自然を遊び尽くす
ニュージーランドの
アクティビティ

　自然豊かなニュージーランドは国全体が遊び場といっても過言ではありません。野外で遊ぶのは子どもや若者のすること、という意識はなく、あらゆる年代がアウトドアアクティビティに親しんでいます。ここではその一部をご紹介。陸、海、川と、大地を舞台に思いきり遊びましょう。

究極のスリルを味わうならこれ！

Bungy Jump
バンジージャンプ

命綱1本で高い場所から飛び降りる、ニュージーランド発祥の絶叫アクティビティ。クイーンズタウン、タウポ、オークランドなど国内各地で体験できます。

AJ Hackett Bungy（エイジェイ・ハケット・バンジー）
bungy.co.nz

絶景が広がる川や湖を疾走

Jet Boat
ジェットボート

時速80kmの猛スピードで進み、豪快にターンを決めるスリリングなボート遊び。こちらもニュージーランド発祥で、クイーンズタウン、ワナカ、タウポ（フカ・フォールズ）などで行われています。

Shotoover Jet（ショットオーバージェット）
shotoverjet.com

川と一体になって遊べる人気レジャー

Rafting
ラフティング

ゴムボートに乗ってパドルを漕ぎ、激流下りを楽しむ川のアクティビティ。有名スポットはロトルアのカイツナ川。商業用ラフティングでは世界最大級の落差である高さ7mの滝を流れ落ちる経験は興奮必至です。

© Rotorua Rafting

Kaituna Cascades Rafting Company
（カイツナ・カスケーズ・ラフティング・カンパニー）
kaitunacascades.co.nz／MAP♥P.13 C-1

雄大な景色のなかを馬とお散歩

Horse Riding
乗馬

ニュージーランドの乗馬は初心者でも気軽に体験でき、基本的に森や山、ビーチなど自然のなかを進む。おすすめは映画『ロード・オブ・ザ・リング』のロケ地となったクイーンズタウン郊外グレーノーキーやオークランド郊外のムリワイ・ビーチ。

High Country Horses（ハイ・カントリー・ホーシズ）
highcountryhorses.nz／MAP♥P.15 C-2

Muriwai Beach Horse Treks
（ムリワイ・ビーチ・ホーストレックス）
muriwaibeachhorsetreks.co.nz／MAP♥P.10 A-1

日本の夏に雪遊びができる！

Ski & Snowboard
スキー＆スノーボード

冬（6〜8月）にニュージーランドを訪れるならばずせないのがウインタースポーツ。コロネット・ピーク、リマーカブルズ、カードローナなど主要ゲレンデは南島に集中。ベースタウンはクイーンズタウンとワナカ。

自然のなかにポツンと佇む
豪華で優雅な
グランピング

ウェリントン郊外のマスタートンにあるファロー・ヒルズは1泊＄260〜。／MAP♥P.5

　ニュージーランドを旅する醍醐味は、スケールの大きな自然をひとりじめできること。都心から少し離れただけでほとんど人や車に遭遇せず、プライベート感というか最果て感を覚えることはめずらしくありません。そして、ハードなアウトドアだけでなく、優雅にステイできる選択肢も豊富なのがいいところ。そのひとつがこの数年、世界でも人気のグランピングです。

　グランピングとは「グラマラス」と「キャンピング」を合わせた造語で、テントなど野外での宿泊にリゾートホテル並みの設備とサービスを兼ね合わせた新感覚のアウトドスタイル。ニュージーランドには全国に80以上のグランピングサイトがあり、原生林のなかのヴィラから湖上に浮かぶハウスボート、高台から海が望めるコースタルテントまで個性豊か。フカフカのベッドやお湯がたっぷり使えるシャワーも完備し、快適に過ごせます。また、太陽光発電を利用するなど環境に配慮しているのもこの国らしい点。気になるお値段は1泊で2人＄250〜と手の届く範囲です。グランピング専門のウェブサイトで検索・予約が可能なので、ぜひ一度体験してみてはいかがでしょう。

小高い丘の上に立つウェリントン郊外のムーンライト・ピーク。1泊＄450〜。／MAP♥P.5

Canopy Camping Escapes
（キャノピー・キャンピング・エスケープス）
🌐 canopycamping.co.nz

オーロラ出現のチャンスもある
世界有数の
星空観測地へ

大気中に不純物が少なく、光害の影響を受けないニュージーランドは、星空を鑑賞するのに最適な国。南十字星やりゅうこつ座のイータカリーナ星雲など南天特有の星を観測でき、12星座が日本とは逆さまに見られることも魅力です。

星空観測地として有名なのは南島のテカポ。天文台を有するこの村の一帯は国際ダークスカイ協会によって星空保護区の指定を受けた、世界が認めたスターウォッチングスポット。約30年の経験をもつダーク・スカイ・プロジェクトでは日本語ツアーも行われており、より理解が深まります。そのほか、オークランド沖のグレート・バリア島（アオテア）、ウェリントン郊外ワイララパなど、近年、国内各地に続々と星空保護区が誕生。星空保護国に認定されることも目指しているそうです。星空観測のベストシーズンは冬（6〜8月）。夏よりも空気がクリアなこと、天の川が頭上高くまで上がることがその理由です。ただし夜はかなり冷え込むので、しっかり防寒対策を。

星空観測中、特に南島では運がよければオーロラが出現するかもしれません。北半球のカナダやアラスカで見られるオーロラは緑色のイメージですが、ニュージーランドではそのほとんどが赤。これはカナダやアラスカのドーナツベルト（オーロラが出現するドーナツ状の領域）が緯度60〜70度なのに対してテカポなど南島の観測地は緯度43〜45度であり、オーロラを見る角度が異なるため。ニュージーランドのオーロラは地平線近くで見られるので、星空観測をする際は気に留めておくといいでしょう。

Dark Sky Project（ダーク・スカイ・プロジェクト）
☎(03)680-6960／🌐 darkskyproject.co.nz
💲大人$119〜、子ども（5〜17歳）$89〜（所要：75分〜2時間）

◎そのほかの主な星空保護区

Aotea's Dark Sky Sanctuary
（オアテアズ・ダークスカイ・サンクチュアリ）
🌐 greatbarrier.co.nz/our-great-skies

Wairarapa Dark Sky Reserve
（ワイララパ・ダークスカイ・リザーブ）
🌐 wairarapadarksky.nz

北半球とは異なる赤いオーロラが見られるチャンス！

Kiwi キーウィ

ニュージーランドの国鳥である飛べない鳥。体長約30〜50cmでコロンとした体つきと長いくちばしが特徴。ニュージーランド人のシンボルでもある。Ⓑ Ⓓ Ⓔ Ⓖ

フッカー・バレー・トラック（P.22）など南島の山岳地帯のみに生息する固有のオウム。頭が良く、ゲレンデでスキー客のビールを飲むなど好奇心旺盛でいたずら好き。体長は約50cm。

Kea ケア

ニュージーランドの 動物図鑑

どの大陸からも遠く離れたニュージーランドには、独自の進化を遂げたユニークな固有種が存在します。もともと哺乳類が存在しなかったため、めずらしい鳥が多数生息。島国なので海の生物も個性豊かです。ニュージーランドで出会える、主な動物をご紹介します。

※文末のアルファベットは、P.38の動物たちと会えるスポットに対応

Blue Penguin ブルーペンギン

体長約40cmという世界最小のペンギン。ブルーグレーの羽毛を持ち、ニュージーランド全域の海岸に生息している。Ⓐ Ⓙ

Yellow-eyed Penguin キガシラペンギン

オタゴ半島やスチュワート島に生息する固有種。マオリ語名はホイホ。目から頭部が黄色い羽毛で覆われているのが名前の由来。体長は約65cm。Ⓙ

Tui トゥイ

人間の言葉を真似するほど知能の高いミツスイの仲間。首元に白いポンポンがあるのが特徴。民家の庭に現れることも。体長は約30cm。Ⓐ Ⓑ Ⓓ

Pukeko プケコ

タカヘに似ているが、こちらは足が長く、スラリとした体形。体長は約50cm。ニュージーランド全土の湖や湿地帯でよく見られる。Ⓑ

Takahe タカヘ

赤いくちばしとあざやかなブルー＆グリーンの羽を持つクイナの仲間の走鳥類。体長約60cmで、骨太でがっしりした体格。Ⓐ Ⓑ Ⓓ

New Zealand Fur Seal

ニュージーランド・オットセイ

ニュージーランド全域に
生息し、尖った鼻とビロ
ードのように美しい毛皮
が特徴。体長はオスが約
2m、メスが約1.5m。オ
ークランドの海岸にもた
まに出没する。Ⓕ Ⓘ Ⓙ

© Bernard Spragg. NZ

Sperm Whale マッコウクジラ

クジラの仲間では4番目に大きく、オスは体長15〜20m、メスは約
12mまで成長。南島カイコウラで通年観察できる。Ⓕ

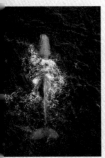

© ChristchurchNZ

Common Dolphin

コモン・ドルフィン

主に北島に生息するマイルカの仲間。体長
約2〜2.5mで通常10〜50頭ほどの群れで
行動。体の側面の色がくっきり分かれてい
ることが特徴。Ⓒ

© William Patino

Dusky Dolphin

ダスキー・ドルフィン

体長約1.6〜2.1mと、コモン・ドルフィンより
やや小さく、和名はハラジロカマイルカ。南
半球に生息し、カイコウラ沖でよく見られ
る。Ⓕ

Hector's Dolphin

ヘクターズ・ドルフィン

体長約1.2〜1.5mで世界最小のイルカで、
ニュージーランド沿岸だけに生息する貴重
な固有種。丸みのある背びれを持ち、愛称は
「ミッキーマウス」。Ⓗ

Tuatara

トゥアタラ

「生きた化石」
「恐竜の末裔」と
も呼ばれる原始的
な爬虫類。爬虫類の祖
先であるムカシトカゲ目唯一
の生き残りであり、貴重な存在。
体長は約30〜80cm。Ⓓ

©Paul Morris

動物たちと会えるおすすめスポット

(A) Tiri Tiri Matangi Island
ティリ・ティリ・マタンギ島

オークランドの沖合に浮かぶバードサンクチュアリ。専門家が案内するガイドウォーク($10)に参加するのがおすすめ。ランチや飲み物は要持参。

🌐 tiritirimatangi.org.nz

🚢 オークランドから「エクスプロー」社のフェリーで約80分。水〜日曜・祝日のみ1日1往復の運航(オークランド発8:30〜9:00、ティリティリ・マタンギ島発14:20〜16:00)

キーウィの生態について詳しく学べるロトルアのナショナル・キーウィ・ハッチェリー。

(B) Tāwharanui Regional Park
タファラヌイ自然公園

マタカナ(P.103)から車で約20分に位置するオープン・サンクチュアリ。ハイキングトレイルと美しいビーチがあり、サーフスポットとしても人気。入園無料。

1181 Takatu Rd., Tawharanui Peninsula

(C) Hauraki Gulf
ハウラキ湾

オークランドの東側に広がる4000km²の海域。一部は海洋自然保護区に指定。イルカ・クジラの見学クルーズに参加するのがおすすめ。

Auckland Whale & Dolphin Safari
(オークランド・ホエール・アンド・ドルフィン・サファリ)
クルーズ所要:約4時間30分
💲大人$199〜、子ども(14歳以下)$136〜
🌐 whalewatchingauckland.com

(D) Zealandia
ジーランディア

ウェリントン近郊にある野生動物保護区。再生林に覆われた225haの広大な園内でニュージーランド固有の動物を観察できる。

53 Waiapu Rd., Karori, Wellington
☎ (04)920-9213／🌐 visitzealandia.com
🕐 9:00〜17:00(最終入園16:00)、無休
💲大人$24、子ども(5〜17歳)$12、4歳以下無料

(E) The National Kiwi Hatchery
ナショナル・キーウィ・ハッチェリー

キーウィの保護施設。キーウィの生態について詳しく紹介しており、孵化場の見学も可能。ガイドツアーは所要約45分。

192 Fairy Springs Rd., Rotorua
☎ (07)350-0440／🌐 nationalkiwihatchery.org.nz
🕐 土日曜・祝日9:30〜14:00、月〜金曜完全予約制
💲大人$59〜、子ども(5〜15歳)$30〜

(F) Kaikoura
カイコウラ

クライストチャーチの北約180kmに位置するホエールウォッチングスポット。イルカやオットセイと泳ぐツアーも人気。サーフィンにもおすすめ。

カイコウラのホエールウォッチングツアーは通年催行されている。

◎おすすめツアー会社

Whale Watch Kaikoura (ホエール・ウォッチ・カイコウラ)
ホエールウォッチングツアーを催行。
💲大人$165〜、子ども(3〜15歳)$60〜(所要:約2時間)
🌐 whalewatch.co.nz

Dolphin Encounter Kaikoura
(ドルフィン・エンカウンター・カイコウラ)
イルカ見学ツアーを催行。8歳以上は泳ぐことも可能。
💲大人$115、子ども(5〜14歳)$75
◎泳ぐ場合は大人$230、8歳以上$215(所要:約3時間30分)
🌐 dolphinencounter.co.nz

Seal Kayak Kaikoura (シール・カヤック・カイコウラ)
カイコウラ沖のオットセイの生息地へアクセスするガイド付きカヤックツアーを催行。自然の様子を間近に観察できる。
💲料金 大人$120、子ども(7〜12歳)$69
🌐 sealkayakkaikoura.com

(G) テ・プイア ▶ P.72
(H) アカロア ▶ P.141
(I) ミルフォード・サウンド ▶ P.155
(J) オタゴ半島 ▶ P.165

ファームステイで
カントリーライフを満喫

北島には乳牛を飼育するデイリーファーム（Dairy Farm）が多い。

ニュージーランドにはホテル以外にB&B、モーテル、サービスアパートメント（コンドミニアム）、ホリデーパーク（キャンプ場）、バックパッカーズ（ホステル）などさまざまなタイプの宿泊施設がありますが、もっともこの国らしいスタイルと言えるのがファームステイ。その名の通り「ファーム（農場）」に泊まるもので、農業大国のリアルな生活が垣間見られ、田舎暮らしも体験できます。旅行者向けのファームステイは農作業の手伝いなどをする必要はありませんが、そこで飼育されている動物と触れ合ったり、ホストとの交流を楽しめることが魅力。ほとんどのファームが都市部から少し離れたところに位置しているので、レンタカーがあると便利です。

おすすめはクライストチャーチ近郊のシルバーストリーム。空港から10分と便利で部屋も居心地がよく、かわいいアルパカが迎えてくれます。アルパカに手で餌をあげたり、触れあったりできるアクティビティも。ほか、ファームステイ専用のウェブサイトもあり、リストや地図から検索・予約ができます。

アルパカと触れ合えるシルバーストリーム・アルパカ・ファームステイ。

田舎にあるとはいえ、設備はモダンで快適に宿泊できる。

Silverstream Alpaca Farmstay
（シルバーストリーム・アルパカ・ファームステイ）
68 Moodys Rd., RD2, Kaiapoi／MAP♥P.5
☎(03)327-3020／🌐 alpaca-farmstay.co.nz
🛏1泊1室$300〜（朝食、アルパカツアー込み。ツアーのみの参加者は大人$40、5〜15歳$20）

◎ファームステイ専用検索・予約サイト
Rural Holidays Ltd.
（ルーラル・ホリデーズ・リミテッド）
🌐 ruralholidays.co.nz

世界有数の飼育率を誇る
動物愛護の先進国

全世帯の約64％がペットを飼育しているニュージーランド。もっとも人気が高いのは猫で、2020年の調べによると約41％の家庭で少なくとも1匹以上の猫が飼われているそうです。

猫を家庭に迎え入れた経緯は、保護施設から引き取った（22％）、友人（15％）・親戚（13％）からもらい受けた、野良猫・捨て猫を拾った（14％）、ブリーダーから購入（9％）などで、ペットショップでの生体販売は熱帯魚などを除いて基本的になし。我が家にもSPCA（動物虐待防止協会）からやってきたサビ猫がいますが、同団体では犬・猫以外に鳥、ウサギ、ニワトリ、豚、馬まで幅広くカバー。全国に類似の独立団体が50近く存在し、動物福祉法により動物保護が徹底しています。虐待の疑いがあれば、SPCAや市役所に通報すると動物は直ちに保護され、虐待をした人は懲役・罰金など重い罪が科されます。国内では化粧品の動物実験も禁じられています。

140年以上の歴史を誇るSPCAをはじめとした動物保護団体はほとんどボランティアと寄付金によって運営されています。基本的に殺処分は行われず、譲渡率はほぼ100％。犬・猫は健康診断や去勢・不妊手術、予防接種、マイクロチップの埋め込みを済ませてから新しい家族に渡されます。

ちなみにもちろん犬も人気で、全世帯の約34％が飼育しています。ニュージーランドには犬を連れて行けるビーチや公園、キャンプ場が多く、犬好きならこうした場所でのびのび過ごす犬たちに出合えるでしょう。

生後8週間でSPCAから引き取った愛猫のモモ。

おすすめの猫カフェ4軒

Purrs &Beans NZ
（パース&ビーンズ・ニュージー）
188 Hinemoa St., Birkenhead,Auckland
🌐 purrsandbeans.co.nz
🕙 10:00〜15:30（土日曜〜15:00）、
　　月火曜祝日休
◎譲渡も行っている保護猫カフェ
MAP📍P.11 C-3

Fancy Meow（ファンシー・ミャオ）
1210 Arawa St., Rotorua
☎ (07)460-6868
🌐 fancymeowcatcafe.co.nz
🕙 10:00〜16:00（最終入店）、無休
※時期によって変動あり
◎ニュージーランドで唯一、ラグドールやペルシャなど純血種の猫を飼育しているカフェ
MAP📍P.13 B-1

Neko Ngeru Cat Adoption Café
（ネコ・ネル保護猫カフェ）
215 High St., Lower Hutt
☎ (04)568-3434／🌐 nekongeru.nz
🕙 10:00〜16:00、
　　木金曜〜13:00、16:00〜20:00、月火曜休
♥ウェリントン郊外で日本人とアメリカ人のカップルが運営。猫の保護活動に力を入れている
MAP📍P.5

Catnap Café（キャットナップ・カフェ）
391 Colombo St., Sydenham, Christchurch
☎ (03)260-2287
🌐 catnapcafe.co.nz
🕙 10:00〜17:00、月火曜休
◎ニュージーランド南島唯一の猫カフェ。猫ヨガなどのイベントも開催
MAP📍P.14 B-2

自然の中でのびのび遊ぶ犬たち。

Organic Living

食とライフスタイル

自然の恵みを味わう
スローフード＆
スローライフの国

　ニュージーランドの食というとあまりイメージが湧かない人も少なくないでしょう。しかし意外にも（?）美食であふれているのがうれしい驚き。農業大国だけに食材は豊富で、肉、魚介類、野菜、果物と、どれも産地直送で、フレッシュ＆上質です。

　サステナブルやオーガニックにこだわり、家族経営など個人商店に近い小さなカンパニーでていねいなモノづくりが行われていることもこの国の特徴。それは食だけでなく、日用品やコスメ、衣類にいたるまで、生活全般がナチュラル志向といえます。この国のオーガニックシーンをリードするブランドは、その多くが、「自分の子どもや家族に自然由来の安全なモノを与えたい」という願いから創業者が自宅のガレージで事業をスタートさせたもの。試行錯誤を繰り返した末に生まれた信念のあるアイテムには、機械的な大量生産にはない愛情が感じられます。

　ニュージーランドに滞在していると、自然をより身近なモノとしてとらえ、心身ともにヘルシーになるのを実感できるかもしれません。滋味豊かなスローフードを楽しみ、自然のリズムで生きるスローライフを体感する。それがニュージーランドを旅する魅力のひとつです。

ワイヘキ島（P.104）のビーチフロントダイニング、キ・マハ。スローで豊かな時間が流れる。

1.スーパーマーケットでよく見かけるオーガニックフードブランド、セレス・オーガニクスの完熟トマト缶（各$3.12）はイラストもかわいい。／2.ファーマーズ・マーケットには地元産の旬の野菜が並ぶ。／3.エコ・ストア（P.61）は自然派トータルケアブランドの先駆者。4.オーガニック果物＆野菜のスムージーはファーマーズ・マーケットやカフェで見つかる。／5.コンブチャの人気は高く、スーパーに専用コーナーもあるほど。／6.マオリのハーブ、カワカワで作られた自然派バーム$31。スキンケアやすり傷に効果的。

43

ニュージーランドのおいしいモノ

食料自給率400％のニュージーランドでは地産地消が当たり前。風味豊かな旬の食材を揃え、それを敏腕シェフが素材のよさを引き出して調理。移民が多いため、本格的な多国籍料理が楽しめること、多彩な食文化がミックスしたフュージョン料理のレベルが高いことも特徴です。ここではそんなニュージーランドの定番グルメをご紹介します。

Mussel
マッスル（ムール貝）

緑色の貝殻が特徴のグリーンマッスルはニュージーランド固有のムール貝。大ぶりでぷりぷりした食感と、やや甘みのある味わいが魅力。ワインで蒸し、シンプルに塩・コショウやレモンを搾っていただくほか、ブイヤベース、ソテー、パスタなどさまざまな料理によく合う。

Lamb ラム

広い牧場でのびのび育ったニュージーランドの子羊の肉はくさみがなく、やわらかくてジューシー。ラムラック（骨付きロース）を焼いたラムチョップ、骨付きすね肉を赤ワインで煮込んだラムシャンク、塩・コショウしたラム肉の塊をオーブンで焼き、薄くスライスしてグレービーソースでいただくローストラムなどが代表的料理。

Salmon
サーモン

Bluff Oyster
ブラフ・オイスター

南島ブラフ産のオイスターは4〜8月頃のみ市場に出まわる希少種で、丸い形とクリーミーなテイストが特徴。収穫シーズン到来を祝い、毎年5月にブラフではお祭りも。ほぼ通年出まわるパシフィック・オイスターも潮の香りを感じる豊かな味わい。

Whitebait
ホワイトベイト

ニュージーランドの春（8月下旬〜11月）に楽しめるシラスの一種。期間限定の味覚なのでこの時期に旅するならぜひお試しを。日本のシラスと同様にクセがなくてやわらかく、オムレツの具にしたり、フリッターでいただくのが定番。

ニュージーランドで養殖されているのは脂がたっぷりのったキングサーモン。口のなかでとろけるトロのような味わいが特徴で、お寿司や刺身にしても絶品。南島アカロアやネルソンの海水ファームのほか、テカポ周辺にはピュアな雪解け水を利用して行われる、世界でもめずらしい淡水ファームもある。産卵期の2〜4月頃にはイクラも市場に出まわる。

Fish & Chips
フィッシュ・アンド・チップス

Pie
パイ

Avocado
アボカド

主に北島で栽培され、小ぶりでも長さ10cm程度もある大きめサイズと濃厚な味わいに定評がある。9〜4月がシーズンで、旬の時期は1個$1以下と格安に。おみやげにアボカドオイル（250ml/$12.99〜）もおすすめ。

衣をつけて揚げる魚のフライ。サイドはチップス（＝ポテトフライ）が定番。通常、魚の種類を選び、注文した後に調理するので、外はカリッ、なかはフンワリ。アツアツのうちにレモンを搾っていただく。ホキ（タラの一種）やスナッパー（鯛）など白身魚が一般的で、ポテトにモルトビネガーをかけるとイギリス風に。

毎年パイ・アワードが開催されるほど人気の高いニュージーランドの国民食。ステーキ、ミンス（ひき肉）＆チーズ、バターチキン、シーフードなど具材の種類が豊富でボリューム満点。ベーカリーやスーパー、カフェ、ガソリンスタンドなどあちこちで買える。

Carrot Cake
キャロットケーキ

NZのお菓子と言えばパブロバが有名だが、カフェやベーカリーではこちらが定番。ニンジンを使った甘さ控えめのスポンジの上にたっぷりとクリームをのせ、ドライフルーツやナッツをトッピング。コーヒーとよく合う。

Ice Cream
アイスクリーム

国民一人当たりのアイスクリーム消費量が世界一（2022年）のニュージーランド。バニラアイスにキャラメルの粒が入ったホーキーポーキー、キイチゴの一種ボイズンベリーなどフレーバーは多彩。酪農大国だけに乳製品は全体的にハイレベルで、チーズやヨーグルトも濃厚。ココナッツミルクを原料にしたヴィーガンアイスクリームもある。

Crayfish
クレイフィッシュ

ロブスターやイセエビの仲間。名産地は南島カイコウラで、旬は9〜3月。肉厚で弾力のある食感と甘みが特徴。茹でてレモンを搾るほか、バターソースやガーリックとも相性ピッタリ。ニュージーランドでも高級食材だが、日本にくらべるとお値段も手頃。

♈ Wine

豊かな自然と職人の
自由な発想から生まれる上質ワイン

ワイヘキ島にあるタンタラス・エステート(P.48)のブドウ畑。実りの秋は葉が色づいて美しい。

　ニュージーランドは世界的な注目度も高い新興ワイン生産地。国土のほとんどが西岸海洋性気候に属し、日照時間が長く、朝晩の気温差が激しいブドウ栽培に適した環境です。

　この国にワイン用のブドウがはじめて持ち込まれたのは1819年。1840年頃からワイン造りがスタートしましたが、本格化したのはオーストラリアやアメリカの資本が入るようになった1970年代から。1980年代にはニュージーランド・ワインの代名詞である白ワインのソーヴィニョン・ブランが国際大会で優勝し、以後30年、ワイン産業は急成長を遂げました。

　現在ニュージーランドには700以上のワイナリーがあり、亜熱帯のノースランドやオークランドから世界最南端のワイナリーがある大陸性気候のセントラル・オタゴまで主要10エリアでさまざまなワインが生産されています。白ワインの割合のほうが高く、品種ではソーヴィニョン・ブラン(79%)、シャルドネ(9%)、ピノ・グリ(8%)、リースリング(2%)、ゲヴュルツトラミネール(1%)など。赤ワインではピノ・ノワール(73%)、メルロー(14%)、シラ

ー(6%)、カベルネ・ソーヴィニョン(3%)、マルベック(1%)などです(2023年、NZワイン協会調べ)。

　ニュージーランドのワイナリーの大半は小規模なブティックスタイルで生産量も限られていますが、ヨーロッパの伝統を受け継ぎながら新しい発想を積極的に取り入れ、自然と調和したワイン造りを目指していることが特徴。96%以上のワイナリーがサステナブル農法を行い、オーガニック認定を受けているところも少なくありません。また、セラードア(試飲直売所)やレストラン、宿泊施設を併設

ワイヘキ島のテ・モツ・ヴィンヤードにて。ワイン・ドッグと呼ばれる看板犬がいるワイナリーも多い。

NZワインの主な産地と種類

ノースランド
- シャルドネ、ピノ・グリ
- シラー、カベルネ・ソーヴィニヨン

オークランド
- シャルドネ、ピノ・グリ
- シラー、カベルネ・ソーヴィニヨン、メルロー

ワイカト＆ベイ・オブ・プレンティ
- ピノ・グリ、ソーヴィニヨン・ブラン
- ピノ・ノワール

ギズボーン
- シャルドネ、ピノ・グリ

ホークス・ベイ
- シャルドネ
- カベルネ・ソーヴィニヨン、メルロー、シラー、ピノ・ノワール

ネルソン
- シャルドネ、ソーヴィニヨン・ブラン
- ピノ・ノワール

ワイララパ
- ソーヴィニヨン・ブラン、シャルドネ
- ピノ・ノワール、シラー

マールボロ
- ソーヴィニヨン・ブラン、シャルドネ
- ピノ・ノワール

カンタベリー
- シャルドネ
- ピノ・ノワール

セントラル・オタゴ
- ピノ・グリ、シャルドネ、ソーヴィニヨン・ブラン
- ピノ・ノワール

したワイナリーが多く、ワインツーリズム先進国と言えるでしょう。ワイナリーめぐりはニュージーランド旅行のハイライトのひとつです。

　ニュージーランド・ワインをはじめて味わうなら、おすすめはやはりソーヴィニヨン・ブラン。名産地はマールボロです。赤ワインではセントラル・オタゴのピノ・ノワールが定番。夏はアロマティックなピノ・グリやロゼ、冬はまったりメルローなど、季節や気分によっていろいろ試してみてください。

オークランド郊外マタカナにあるブリック・ベイ（P.49）にて。セラードアを持つワイナリーは各地にある。

🍴 フレンチスタイルのワインと美食を堪能

Tantalus Estate
タンタラス・エステート

1.温度や湿度が管理されたレンガ造りのセラーにずらりとワインが並ぶ。／2.ランチはアラカルト、ディナーはコース料理$175〜を提供。しっとりジューシーなラム肉$55には赤ワイン「エクルーズ」がよく合う。

2016年に設立された新しいワイナリーながら、フランスのボルドーおよびローヌスタイルのワインで名を馳せているのがこちら。ワイヘキ島でも名ワイナリーが集まるオネタンギ・バレーに位置し、水はけのよい土壌と日照時間の長さを誇るブドウ栽培に理想的な環境。高級ワイン造りにこだわった少量生産で、赤ならカベルネ・ソーヴィニヨン、メルロー、マルベックをブレンドした「エクルーズ」、白はシャルドネやピノ・グリがおすすめです。

併設のレストランでは、ミシュラン星付きレストランで活躍したシェフがワインに合う美食を提供。ブドウ畑の美景を眺めながら優雅なひとときを過ごしましょう。さらにビール醸造所兼パブ、アリバイブリューイングも併設し、タンクから直接注がれるクラフトビールを楽しめます。

3.3〜4種類のワインテイスティングは$20〜。クラフトビールのテイスティングも4種類$15で可能。生牡蠣など軽食も注文できる。／4.屋外のテラス席もあり、約200人を収容できるファインダイニング。ウェディング会場としても人気。

70-72 Onetangi Rd, Waiheke Island
☎(09)372-2625／🌐 tantalus.co.nz
🕐 セラードア＝木〜日11:00〜17:00（季節により変動あり）
　　レストラン＝木〜日11:00〜17:00、
　　土のみ18:30〜にディナー営業あり（季節により変動あり）
MAP📍P.11 A-3

🍷 感性が磨かれるアート鑑賞とグルメ体験

Brick Bay
ブリック・ベイ

ショップで購入できるワインは1本（750ml）$32～。

マタカナ（P.103）を訪れたらぜひ立ち寄りたいブティックワイナリー。ピノ・グリをメインにマルベック、カベルネ・フラン、プチ・ヴェルドなどを栽培し、ていねいなワイン造りに定評があります。小規模生産で国内でもあまり出まわらず、とくにロゼはリリース後すぐに売り切れるほどの人気。シーフードはもちろん、エスニック料理や和食とも相性がよいので、ワイナリーショップで見かけたら即買いを。

ワインテイスティング（2種類程度$10）は水辺に佇む温室風のおしゃれなレストランで楽しめます。自家農園で採れた野菜を使うなどこだわりメニューが揃うランチもおすすめ。また、敷地内にアートが点在するトレイル（大人$12、5～17歳$8）を設けており、独創的な作品を鑑賞できます。

1.全面ガラス張りのおしゃれなレストラン。/**2.**ワインに合うおつまみの盛り合わせプラッターはシェアサイズで$59。/**3.**60以上のアート作品が点在する全長2kmのスカルプチャー・トレイル。

原生植物が茂るスカルプチャー・トレイルはハイキングも楽しめる。

17 Arabella Lane, Snells Beach, Warkworth, Auckland
☎(09)425-4690／🌐 brickbay.co.nz
🕙10:00～16:00（土日曜17:00）、無休 ※ランチのオーダーは15:00まで
MAP📍P.11 B-3

1

ピノ・ノワールの里で優雅な午後を

Margrain Vineyard
マーグレイン・ヴィンヤード

ワインのラベルに描かれた
プケコのロゴマーク。

2

3

1. オーナー夫妻とワイナリーのスタッフ。家族のように仲の良いチーム。／**2.** ピザはミート・サラミ・チキンなど5種類で各$27〜。

4

5

3. ツアーに参加するとワイン造りの背景について知ることができる。／**4.** マーティンボロはブドウ畑が広がり、ワイナリーが集まるかわいらしい町。／**5.** セラードアでは生産量の少ないシュナン・ブランも試してみて。

　ウェリントンから車で北東へ約1時間の距離にあるワイン産地マーティンボロ（ワイララパの1地区）にあるワイナリー。ニュージーランドの野鳥プケコのロゴが目印で、セラードア、カフェ、カンファレンスセンター、宿泊施設を併設しています。

　マーティンボロはピノ・ノワールが有名で、ここでもまず試したいのはピノ・ノワール。ほかにエレガントなシャルドネ、辛口のなかにオールスパイスやオートミール、オレンジピールなどの複雑なテイストを感じるリースリング、繊細なロゼも秀逸。テイスティングは$10で、ピザやプラッター、バーガーなどをブドウ畑を望むカフェでいただくランチも格別です。ワイナリーツアーや、夏の日曜の午後にはミュージックライブも行われています。

Cnr. Ponatahi & Huangarua Rds., Martinborough
☎ (06)306-9292／🌐 margrainvineyard.co.nz
🕐 セラードア=11:00〜15:00（土曜17:00、日曜16:00）、無休
　カフェ=11:00（土曜10:00）〜15:00（月火曜・祝日休）
　ワイナリーツアー=火〜土曜11:30〜12:30（1人$35〜）
MAP📍P.5

🍷 **雄大な山々に抱かれた自然派ワイナリー**

Amisfield
アミスフィールド

ピノ・ノワール$60。果実味とスパイスが複雑に絡み合った上質テイスト。

　1988年に設立されたセントラル・オタゴ最大規模のシングル・エステート（単一ブドウ畑）ワイナリー。できるだけ自然に近いワイン造りにこだわり、一部オーガニック認定も受けています。クイーンズタウンから車で約15分と近く、市バス（2番）が目の前に停まるので運転を気にせずワインが楽しめることが利点。セラードアでは5種類のワインを$10で試せ、その場でワインを購入すればテイスティング代は無料。人気はピノ・ノワール、ピノ・グリ、リースリング。個人的にはスパークリングがおすすめ。

　併設のレストランも雰囲気がよく、晴れている日は絶景が望める屋外のテラス席が爽快。ニュージーランドのトップシェフに選ばれたヴォーン・マビー氏のテイスティングメニューがサーブされ、ワインとのペアリングもOK。昼も夜も予約マスト！

1. ブラフ・オイスター（P.44）など厳選素材をシンプルに味付け。ランチ$240、ディナー$440。／**2.** 石造りのスタイリッシュなエントランス。／**3.** ワインも料理もコンセプトは自然派。テラス席ではサザンアルプスを望める。

ニュージーランドのトップシェフの1人であるヴォーン・マビー氏。

4. セラードアでのテイスティングは予約不要。／**5.** ランチ、ディナーともに11〜25皿がサーブされ、ゆっくり味わう豪華版。

10 Lake Hayes Rd., Queenstown
☎ (03)442-0556 ／ 🌐 amisfield.co.nz
🕙 セラードア＝10:00〜18:00、無休
　レストラン＝12:00〜15:00、18:30〜深夜、
　月火曜休
MAP📍P.15 D-2

🛍 いろいろなワインを試すならココ

The Winery
ザ・ワイナリー

地元産を中心に、世界200以上のワイナリーから集めた1000以上の銘柄を揃える専門店。80種類以上のワインを試飲でき、ワインバーとしても使えます。

入店時にカードとグラスを受け取り、試飲機を利用するセルフの量り売り。試飲（25ml）、ハーフ（75ml）、フル（150ml）の3サイズから選べます。ジンや、ニュージーランド産の希少なシングルモルトウイスキーのテイスティングも可能。クイーンズタウンに支店もあります。

1. ソファに腰かけ、ゆったりとワインが楽しめる。おつまみは$7〜。／**2.** 気になるワインを試してみよう。好みの銘柄を見つけたらその場で購入でき、日本への郵送もOK。

27 Ramshaw Ln., Arrowtown
☎ (03) 428-2572 ／ 🌐 thewinery.co.nz
🕙 10:30〜18:00頃、無休／MAP 📍 P.15 D-2

🛍 ワイヘキ島のワインが勢揃い

Waiheke Wine Centre
ワイヘキ・ワイン・センター

3

4

3. フェリー乗り場からも近い島内最大の町オネロアにあるので便利。／**4.** ワイナリーに行けなくてもここでほとんどのワインが試せる！／**5.** 目の前に広がるオネロア・ビーチに乾杯！

5

名産地ワイヘキ島内すべてのワイナリーのワインをほぼ網羅したリカーショップ。セラードアを持たない貴重な小規模ワイナリーの銘柄も扱い、そのなかから店長おすすめの選りすぐりワインを約30種類テイスティングできることがポイントです。価格はワインの種類によって異なり、1杯$1.95〜7程度。店の奥に海が見渡せる小さなテラスがあり、景色を眺めながらワインが楽しめます。

153 Oceanview Rd., Oneroa, Waiheke Island
☎ (09) 372-6139 ／ 🌐 waihekewinecentre.com
📘 @WaihekeWineCentre ／ 🅞 @waiheke_wine_centre
🕙 9:30〜19:00（金土曜20:00）、日曜10:00〜18:00、無休
MAP 📍 P.11 A-2

Craft Beer

芳醇で深みのあるニュージーランドのクラフトビール

1.ハラタウ（P.54）などブリュワリー併設のレストランではできたてビールをタップから楽しめる。／**2.**小規模な醸造タンクで造られるビールも多く、味わいも香りも色も千差万別。／**3.**数種類のビールを少量ずつ試せるテイスティングメニューはビール好きにおすすめ！

　ニュージーランドのお酒と言えばワインが有名ですが、ビールのおいしさも見逃せません。ニュージーランド統計局の2022年の調査によると、この国には約200のブリュワリー（醸造所）があり、1600を超える銘柄が存在するとか。南島ネルソン／タスマンエリアなどで上質なホップが採れ、湧水などキレイな水が手に入りやすいため、ビール造りに適した環境と言えるでしょう。

　少し前までは苦みとコクが強いエール系が好まれていましたが、近年は同じエール系でもフルーティなヘイジー、サワーなどのスタイルが台頭。健康志向の高まりからノンアルコールビール、低炭水化物ビールの種類も増えてきました。特にノンアルビールのレベルアップはめざましく、車で移動することの多いニュージーランドではありがたい存在です。

　クラフトビールはスーパーマーケットやリカーショップで入手可能。スタイルはさまざまで、個性的なパッケージを見ているだけでもワクワクします。私のお気に入りは、ザ・ソーミル・ブリュワリー（P.54）とガレージ・プロジェクト（P.55）。レストランが併設されたブリュワリーでできたての1杯を楽しんだり、ビアバーでいろいろな種類のクラフトビールを試したりしてみましょう。

🍺 ビアガーデンを思わせる開放的な空間

Hallertau Brewery
ハラタウ・ブリュワリー

ニュージーランド産ホップを使用した西オークランドのビール醸造所。ドイツスタイルのナチュラルビールが自慢で、爽快な半オープンエアのレストランを併設しています。ビールは常時15種類以上揃い、迷ったら4種類を少しずつ試せるテイスティング・パドル（＄12〜16）がおすすめ。料理には自家菜園で採れた野菜やフルーツを使うなど手づくり感が心地よいお店です。

1171 Coatesville Riverhead Hwy., Riverhead, Auckland
☎ (09)412-5555／🌐 hallertau.co.nz
🕐 12:00(日曜11:00)〜21:00(木〜土曜22:00)、月曜休
MAP 📍 P.10 A-1

1.0から10までの数字でペールエールやIPAなどの種類になっている。季節限定のビールもある。／**2.**緑が配された半オープンエアのスペースも。／**3.**ビールタンクから注がれるフレッシュなビールは格別。ブランド名はドイツにあるホップの産地の地名。

 芝のガーデンが美しく、居心地満点

The Sawmill Brewery + The Smoko ROOM
ザ・ソーミル・ブリュワリー ＋ スモウコウ・ルーム

マタカナ（P.103）から車で約4分の場所にあるおしゃれな醸造所兼レストラン。約15種類のビールをタップで味わえ、料理はチーズの盛り合わせやトレバリー（シマアジ）のスモークなど地元産食材を使ったおつまみ系が中心。ほとんどがグルテンフリーなどヘルシーで、ビールとの相性も良好です。いちばん人気は5種類のビールを160mlずつ試せるテイスティング・トレイ（＄22）。

1004 Leigh Rd., Matakana, Auckland
☎ (09)422-6555／🌐 sawmillbrewery.co.nz
🕐 12:00〜21:30(金土曜22:00)、無休／MAP 📍 P.11 C-4

3.田園風景のなかにポツンと佇むセンスがよくておしゃれな醸造所。／**4.**広々としたテラス席でタップから注がれたビールをいただこう。保存料不使用の自然派だから安心。

1

🍺 レトロでおしゃれなブリュワリーパブ

Brothers Beer
ブラザーズ・ビア

2

オークランド中心部に近いマウント・イーデン地区に位置する醸造所兼ビアパブ。ビールタンクが並ぶ倉庫風の店内は天井が高く、モーリスのクラシックカーと年代ものの家具が配され、レトロでくつろげる雰囲気です。常時15種類の銘柄をタップから楽しめ、バーガー、フライドチキンといったビールが進むフードも充実。店の外には子どもが遊べる砂場があり、家族連れにも好評です。

3

1.5種類のビールが試せるティスティングパドルは$28。／2.タンクからできたてビールをサーブ。／3.60〜70年代風のインテリアがおしゃれ。

5 Akiraho St., Mt. Eden, Auckland
☎ (09) 638-7592／🌐 brothersbeer.co.nz
🕐 12:00〜22:00、月曜休／MAP📍P.10-A2

🍺 できたてビールを試飲＆量り売り

Garage Project
ガレージ・プロジェクト

飲みくらべるとビールが個性豊かなことに気付く選びたい

4

ファンキーなウォールアートが目印のブリュワリー。併設のセラードアには常時8種類のビールがタップで用意され、試飲が可能。お気に入りが見つかったら量り売りで購入できます。ビールを入れるペットボトルや缶は自身で持ち込むほか、$2〜で買うのもOK。買ったビールをここで飲むことはできませんが、すぐ近くにタップルーム（P.115）があり、18種類の生ビールが楽しめます。

5

4.試したいビールを伝えると、試飲グラスに注いでくれる。／5.革新的なビールを次々と生み出す注目ブリュワリー。

68/70 Aro St., Te Aro Valley, Wellington
☎ (04) 831-1891／🌐 garageproject.co.nz
🕐 12:00(土曜11:00)〜19:00(金土曜20:00)
MAP📍P.12 C-1
◎オークランドのイーデン・パーク近くにもセラードアあり

☕ Coffee

1

ていねいに焙煎されたコーヒーを
スキルの高いバリスタがサーブ

ニュージーランドには、どんな小さな町にも、そして町と町を結ぶステイト・ハイウェイ（国道）の途中にもカフェがあります。大手チェーンは少なく、ほとんどがこじんまりした個人経営のお店で、インテリアや料理にもオーナー独自のセンスやこだわりが感じられます。ニュージーランドでカフェは社交の場でもあり、友人、カップル、ファミリー、同僚などあらゆる年代がコーヒーを飲みながらおしゃべりを楽しみます。それぞれに毎日のように通うお気に入りカフェがあり、そこではスタッフとも仲よくなり、自宅のようにくつろげます。ニュージーランドを訪れたら、そんなマイカフェを探してみてください。

コーヒーメニューはエスプレッソが主流。ミルクを加えたもの全般をホワイトコーヒーと呼び、泡立てたフォームドミルクを注いだ「フラットホワイト」、フォームドミルクの層がやや厚い「ラテ」、表面

にシナモンやチョコレートパウダーをまぶした「カプチーノ」などがその代表格。ブラックコーヒーではエスプレッソのダブルショットを専用カップに注いだ「ショートブラック」が人気です。コーヒーの質は淹れる人の腕に左右されますが、バリスタは国家資格であるため、どの店でも一定レベルの味が楽しめます。

町ごとに地元密着型のロースタリーがあり、自家焙煎しているカフェもめずらしくありません。名ブランドとして知られているのはCoffee Supreme、Allpress、Mojo、Flight Coffee、Peoples Coffeeなど。100％オーガニックのKokakoも評判です。

2

1.バリスタの個性を感じるラテアートにも注目。／**2.**エスプレッソの定番メニュー、フラットホワイト（左）とカプチーノ。$5〜が価格の目安。

3

© Nancy Zhou 4

5

3.クライストチャーチ植物園内にある「アイレックス・カフェ」はおしゃれな温室のよう。／4.クライストチャーチのニュー・リージェント・ストリートにある「ザ・ラスト・ワード」は自宅のようにくつろげる雰囲気。／5.オークランドにある「フュージョン・カフェ」ではベトナム料理も食べられユニーク。

注目のNZ産豆のロースタリー
Ikarus Coffee イカロス・コーヒー

ていねいに手摘みしてローストしたニュージーランド産コーヒー豆180g＄54程度。

　北島北部ファーノースのダウトレス・ベイにある、自家農園で育てたニュージーランド産コーヒー豆を使ったブティックロースタリー。幻のコーヒーと呼ばれるブルボン・ポワントゥ種にニューカレドニアで出会い、栽培をスタートさせたとか。生産量の少ない貴重なコーヒーなので運よく出会ったらぜひお試しを。スッキリ飲みやすく、目覚めの1杯にピッタリ！

🌐 ikaruscoffee.co.nz

☕ 朝食にも休憩にも最適な一軒

Customs
カスタムズ

コーヒーの街として知られるウェリントン生まれの大手ロースタリー「コーヒー・スプリーム」が運営。とても人気があり、小さな店内は常連客でいつも満席状態です。シンプルなインテリアが居心地よく、窓際にカウンター席もあっておひとりさまでも利用しやすい雰囲気。エスプレッソメニュー$5〜のほか、フィルターコーヒー$5も楽しめます。フードは地元にある2軒のベーカリー「ウェリントン・サワードウ・カンパニー」のトーストと「シェリーベイ・ベーカリー」のフォッカッチャを使ったサンドイッチを用意。コーヒー豆の販売もしているので、おみやげにもおすすめ。注文時にリクエストすると、エスプレッソ用、プランジャー用など好みに合わせて挽いてもらえます。日本人のバリスタも働いています。

1. 一面ガラス張りで壁画など街の景色が楽しめる。／**2.** 朝から客足が絶えない人気店。ランチタイムには行列ができることも。／**3.** フレンドリーなスタッフが手際よくコーヒーをつくってくれる。／**4.** コーヒーの苦みとミルクの甘さが調和したフラットホワイト。／**5.** 濃厚なコーヒーと具がたっぷりのったトーストでエネルギーをチャージしよう。

39 Ghuznee St., Te Aro, Wellington
🌐 coffeesupreme.com/blogs/locations/customs
🕐 7:30(土日曜9:00)〜15:00、無休／MAP📍P.12 C-1

☕ 都会的でクールなオーガニックカフェ

Peoples Lukes Lane
ピープルズ・ルークス・レーン

ウェリントンのロースタリー「ピープル
ズ・コーヒー」の直営店。グァテマラ、ペル
ー、コロンビア、エチオピアなどの契約農家
から仕入れるオーガニック＆フェアトレード
の最高級コーヒー豆を焙煎し、エスプレッソ
とフィルターコーヒーを各$5.50〜でサーブ。
野菜たっぷりのトースト$11〜などフードも
ヘルシーです。店内はガラス張りとピカピカ
に磨かれた木の床がスタイリッシュ！

40 Taranaki St., Te Aro, Wellington
☎(04)801-9585／🌐 peoplescoffee.co.nz
⏰7:30〜16:00、無休／MAP📍P.12 C-2

1.シンプルですっきりした店内。
Tシャツなどオリジナルグッズ
も販売。／2.ハリオV60を使っ
たハンドドリップコーヒー$8も
人気。／3.焙煎、袋詰め、ラベ
ル貼りまで工房でスタッフが手
作業で行う。

☕ スペシャルティコーヒー専門店

Allpress Coffee Ponsonby
オールプレス・コーヒー・ポンソンビー

4.好みの豆をその場で袋詰めにして購
入できる。1袋$17程度。／5.エスプレッ
ソ・ブレンド、デカフェ(カフェインレス)な
ど7種類を用意。／6.店内にはイートイン
スペースも。／7.オークランドのチョコレ
ートブランド「ベネッツ」とコラボしたコー
ヒーチョコバー各$6。

日本にも店舗を持つオールプレス直営のエスプレ
ッソバー。フードはヨーロッパ風ビスケットのみです
が、スペシャルティコーヒーを味わいたいなら必ず訪
れたい店。バリスタが淹れたフラットホワイト、ラテと
いったエスプレッソメニューとシングルオリジンのフィ
ルターコーヒーが楽しめ、コーヒー豆も購入できます。

266 Ponsonby Road, Ponsonby, Auckland
☎(09)376-4726／🌐 allpressespresso.com
⏰8:00(日曜9:00)〜16:30(土曜16:00、日曜15:00)、無休／MAP📍P.8 B-2
◎近隣に焙煎所(Allpress Roastery)あり／MAP📍P.8 B-2

🛒 Daily Goods & Grocery

食材からコスメ、日用品まで
自然派アイテムがこの国の主流

　人と自然との距離が近いニュージーランドでは、ナチュラルな暮らしが当たり前。オーガニックなモノは特別ではなく、スーパー、個人商店、ファーマーズ・マーケットなどあらゆるところで手に入ります。生鮮食材だけではなく、加工食品、ワインやビールといったアルコール、洗剤などの日用品、コスメまで、さまざまなジャンルにオーガニックと自然派があふれています。自宅菜園を持つ一般家庭も多く、有機栽培の素材を使うレストランもめずらしくありません。ちょっとした小さな飲食店で、大きくうたっていないのにオーガニックメニューが並んでいることはよくあります。ニュージーランドを旅した際は、そんな身近なオーガニックを味わってみてください。

　ニュージーランドでは2019年よりすべての小売業者で使い捨てレジ袋の配布が禁止となり、2023年7月からは量り売りの野菜などに使用するプラスチック袋の提供も不可となりました。ニュージーランドでのお買い物にはエコバッグを持参しましょう。

1.オーガニックの野菜がお手頃価格で手に入る。／2.自然派のニュージーランド人は外ごはんが大好き。／3.オーガニックの野菜や果物が並ぶコモンセンス・オーガニクス（P.63）のオークランド・マウントイーデン店。／4.生鮮食品も加工品もオーガニックが揃うスーパーが多い。

🛍 人と地球にやさしい自然派ブランド

Eco Store
エコ・ストア

1.安心して使えるアイテムばかり。スタッフも笑顔がステキ！／**2.**木のぬくもりを感じるナチュラルな店内。右奥に詰め替えコーナーがある。

日本にも上陸したニュージーランド生まれのトータルホームケアブランド。洗剤、石鹸、シャンプー＆コンディショナー、ベビーケアアイテムなどを展開し、ミニマルなパッケージもおしゃれです。全国のスーパーやドラッグストアで扱いがありますが、フルラインとお徳用サイズが揃うのが直営店の魅力。定番のソープはもちろん、新商品が随時登場するので、要チェックです。リフィルステーションでもあり、空き容器を持参して洗剤などを詰め替える顧客も訪れます。

　スーパーでは扱いのないギフトボックスを用意しているのもこちらの店ならでは。また、スタッフがセレクトしたエコフレンドリーなローカルブランドも並んでおり、ナチュラルなおみやげ探しにピッタリです。

3.歯磨きペーストと歯ブラシ各$5.79。／**4.**ニュージーランド原産のハーブ、ハラケケを配合した泡タイプのハンドソープ 250ml$5.99。／**5.**7種類の酵素がしつこい汚れとニオイに効くジェルボール型洗濯洗剤。26個入り$21.99。

1 Scotland St., Freemans Bay, Auckland
☎ (09)360-8477／🌐 ecostore.co.nz
🕙 10:00〜18:00(土日曜17:00)、無休／MAP📍P.8 B-2

1

Harvest by Huckleberry
ハーベスト・バイ・ハックルベリー

ハックルベリーは「すべての人にウェルネスを」をモットーに、オークランドで3店舗を展開する自然派スーパー。そのなかでも旅行者が行きやすいのが、グレイリン地区にあるこちらの支店です。ポンソンビー・セントラル（P.90）からは徒歩20分ほど。のんびりと散歩がてら訪れるほか、105番の市バスでもアクセスできます。

店の規模はさほど大きくありませんが、オーガニック＆ホールフード（未加工もしくは可能な限り加工を抑えた食品のこと）の食料品をメインに、ヘアケア、スキンケア、ナチュラルコスメ、サプリメント、ハーブレメディなど幅広く取り扱い、商品棚を物色しているだけでも楽しめます。

2

3

4

403 - 407 Richmond Rd., Grey Lynn, Auckland
☎ (09)376-3107／🌐 huckleberry.co.nz
🕘 9:00〜18:00（土日曜17:00）、無休／MAP 📍P.8 C-1

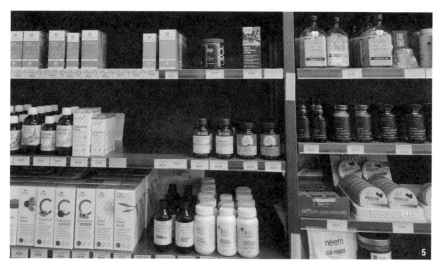
5

1.熱処理を施していない生マヌカハニー（270g）$24.79〜など一般のスーパーでは取り扱いのないこだわりアイテムが見つかる。／2.グレイリン地区はのんびりとしたローカルタウン。／3.シリアル、シーズニング、スナックなどワンランク上のグルメみやげ探しにも！／4.生鮮食材売り場にはフレッシュなオーガニック野菜が並ぶ。／5.ニュージーランド産ハーブを使った自然派サプリやレメディコーナー。

🛍 オーガニックスーパーの先駆け的存在

Commonsense Organics
コモンセンス・オーガニクス

新鮮なフルーツを買って朝食やデザートにしよう♪

　1975年、ウェリントン郊外に有機農園を開いた夫婦が1991年にオープン。ウェリントンに4店舗、オークランドに1店舗（2024年現在）を構えるオーガニックスーパーの旗艦店。倉庫風の無機質さがおしゃれな店内には新鮮な野菜、フルーツから卵、パン、加工食品、調味料、スナック、スイーツ、コーヒー、ワイン、コスメなどさまざまなオーガニックアイテムがずらり。

　おすすめはハウスブランドの「コモンセンス・パントリー」。ニュージーランドの名産品マヌカハニーも他店とはちょっと異なるこだわりブランドを揃えているのでチェックしてみてください。バルクコーナーも充実し、ナッツやシリアルのほか、オリーブオイル、メイプルシロップ、たまり醤油まで量り売りで購入できます。

147 Tony St., Wellington／☎ (04)384-3314
🌐 commonsenseorganics.co.nz
🕐 8:00〜19:00、土日曜9:00〜18:00、無休
MAP📍P.12 C-2

1.マヌカをベースとしたオリジナルのブレンドハニー（1kg）$29.90とラベンダー風味のオーガニックハニー（375g）$18.99。／2.生鮮食材から生活雑貨まで安心・安全なアイテムの宝庫。／3.オリーブオイルやビネガーの量り売りのバルクコーナー。／4.「コモンセンス・パントリー」の生カカオニブ（150g）$13.99。

ヘクタナで栽培されたマカダミアナッツを使ったバターも。

住民気分でのんびりお買い物を
Farmers' Markets
ファーマーズ・マーケット

1

2

1. 生産者から直接商品についての話を聞けるのも楽しい。／**2.** 近隣のワイナリーで造られるレアなフィジョア（果物）ワインも。試飲もOK。

　生産者の顔が見え、旬の食材やその土地ならではの名産物が手に入るファーマーズ・マーケットは、主に週末の午前中を中心に各地で開催されています。野菜や果物以外にその場で食べられるフード屋台も多く、雑貨やクラフトも並ぶのでおみやげ探しにもピッタリ。ミュージシャンが登場するなど、お祭りムードも楽しめます。

　おすすめはオーガニック食材が豊富なオークランド郊外マタカナのマーケット。クライストチャーチでは規模の大きい「ザ・リカトン・マーケット」や川沿いで行われる「クライストチャーチ・ファーマーズマーケット」も人気です。11月下旬〜12月上旬には各地でクリスマス・マーケットも開かれます。町のライフスタイルが垣間見える青空市場へ、ぜひ出かけてみてください。

おすすめファーマーズ・マーケット9選

北島

Matakana Village Farmers' Market
マタカナ・ビレッジ・ファーマーズ・マーケット

> オイスターやワインなど地元の名産品も豊富に並ぶ
> おしゃれなマーケット。観光客にも人気。
>
> 2 Matakana Village Rd., Matakana
> 🌐 matakanavillage.co.nz/market
> 🕐 土曜8:00〜13:00／MAP📍P.11 C-4

ベルギーワッフル、メキシカンブリトーなどベンダーは国際色豊かか。

Parnell Farmers' Market
パーネル・ファーマーズ・マーケット

> 2007年から続く人気マーケットで、食材をメインにワ
> インや雑貨などおみやげアイテムも並ぶ。レンガ造り
> の公民館前で行われ、雰囲気もよい。
>
> Jubilee Building Carpark,
> 545 Parnell Rd., Parnell, Auckland
> f @parnellfarmersmarket
> 🕐 土曜8:00〜12:00／MAP📍P.10 A-2

Takapuna Sunday Markets
タカプナ・サンデー・マーケット

> 30年以上の歴史を誇り、食材のほか、古着や雑貨、
> アンティークなどさまざまなアイテムが並ぶ。
>
> Waiwharariki Anzac Square, Takapuna, Auckland
> f @takapunasundaymarket
> 🅾 @takapunamarket
> 🕐 日曜8:00〜13:00／MAP📍P.11 B-4

Harbourside Market
ハーバーサイド・マーケット

> ウェリントンのウォーターフロントで開催される、食
> 材を中心としたマーケット。
>
> Waitangi Park, Cable St., Wellington
> 🌐 harboursidemarket.co.nz
> 🕐 日曜7:30〜14:00(冬季13:00)／MAP📍P.12 C-2

Rotorua Night Market
ロトルア・ナイト・マーケット

> 毎週木曜の夕方から開催。フード屋台が多く、テーブ
> ル席も並ぶので気軽なディナーにピッタリ。
>
> Tutanekai St., Rotorua
> f @rotoruanightmarket
> 🕐 木曜17:00〜21:00
> MAP📍P.13 B-1

ミュージシャンによる音楽ライブも行われる。

南島

The Riccarton Market
ザ・リカトン・マーケット

> 200以上のベンダーが集まるニュージーランド最大
> 規模のマーケット。
>
> Riccarton Racecourse, Riccarton Park,
> 165 Racecourse Rd., Christchurch
> 🌐 riccartonmarket.co.nz
> 🕐 日曜9:00〜14:00／MAP📍P.14 C-1

Christchurch Farmers' Market
クライストチャーチ・ファーマーズ・マーケット

> 緑豊かなリカトン・ブッシュで開催。エイボン川のほと
> りでほっこりできる。
>
> Riccarton House, 16 Kahu Rd., Riccarton, Christchurch
> 🌐 christchurchfarmersmarket.co.nz
> 🕐 土曜9:00〜13:00／MAP📍P.14 C-1

Remarkables Market
リマーカブルズ・マーケット

> サザンアルプスの絶景が望める夏季限定の青空市場。
>
> Hawthorne Dr., Queenstown
> f @RemarkablesMarket
> 🕐 10月下旬〜4月中旬の土曜9:00〜14:00
> MAP📍P.15 D-2

Otago Farmers' Market
オタゴ・ファーマーズ・マーケット

> ダニーデン駅の駐車場で開催。地元産の新鮮な食
> 材を中心に50〜75のベンダーが集結する。
>
> Northern Carpark Dunedin Railway Station,
> Anzac Ave., Dunedin
> 🌐 www.otagofarmersmarket.org.nz
> 🕐 土曜8:00〜12:15／MAP📍P.16 A-1

♨ Hot Springs

レジャー感覚で楽しめる
温泉プールで
ほっこりタイム

　環太平洋地帯に位置するニュージーランドは日本と同様の温泉大国。火山活動が活発な北島をメインに、全国に約150の源泉が存在し、とくに地熱地帯のロトルアとタウポ周辺に集中。南島にはクライストチャーチ郊外に、政府主導のもとに開発された温泉リゾート、ハンマー・スプリングスがあります。

　ニュージーランドの温泉は水着を着用して男女一緒に入るプールのようなスタイルが一般的。とはいえ、古くはマオリの戦士が湯治に利用していたほどで、泉質のよさは侮れません。温度は平均35〜40℃で日本とくらべると低めですが、貸し切りできるプライベートスパなら温度調節もOK。湯船の近くに洗い場はないので、男女別の更衣室に設置されたシャワーで身体を洗ってから入浴しましょう。

　なお、ごく稀ですが、水中に生息するアメーバが鼻から体内に入り、感染症を引き起こすことがあるので、ニュージーランドの天然温泉では顔をお湯につけないことをおすすめします。温泉プールは消毒してあるので大丈夫です。

1.ロトルアの温泉施設「ポリネシアン・スパ」(P.68)には風情のある露天の岩風呂も。／**2.**レジャー感覚で利用する温水プールのような温泉施設が多い。

北島のホットウォーター・ビーチ。砂を掘り、プールをつくって楽しむ人々。© Steve & Jem Copley

ニュージーランドには数々の野湯があり、アクティビティ感覚でユニークな温泉体験ができます。旅行者にも行きやすいのはロトルア郊外のケロシン・クリークとコロマンデル半島のホットウォーター・ビーチ。前者は川が温泉になっているもので、秘湯の雰囲気たっぷり。後者はビーチの温泉で、干潮の前後1時間のみ入浴可能。スコップで砂浜を掘ると天然温泉が湧いてくるので、海水と混ぜて温度調節しましょう。スコップはビーチ近くのショップ兼レストランで、＄10でレンタル可能です。

◎おすすめの野湯

Kerosene Creek
ケロシン・クリーク

入浴というより川遊び感覚。ちょうどいい温度のところを探して入ろう。
Old Waiotapu Rd., Rotorua
MAP♥P.13 C-2

Hot Water Beach
ホットウォーター・ビーチ

海水浴やサーフィンの後、冷えた体を温めるのに最適。
Pye Pl., Whitianga／MAP♥P.5

ケロシン・クリーク。川には小さな滝があり、滝壺が温泉スポット。日中に訪れること。

スコップで穴を掘ると温泉が湧いてくる。土手を築いて簡易プールをつくろう。

♨ ロトルア湖の美景を眺めながら入浴できる

Polynesian Spa

ポリネシアン・スパ

　ロトルアを代表する温泉施設。子どもに人気のファミリースパ、12歳以上のみ入浴可能なパビリオン・プール、ワンランク上のデラックス・レイクスパなどタイプ別にエリアが分かれ、プライベート風呂やマッサージなどが受けられるデイスパ、カフェを完備。酸性・アルカリ性の2つの源泉をバランスよく組み合わせ、美肌づくりや疲れに効くと評判です。ロトルア湖に面した立地も最高。

1.日本の露天風呂を思わせるデラックス・レイクスパはラウンジ付き。／**2.**酸性泉3つ、アルカリ性泉5つが用意されたパビリオン・プール

1000 Hinemoa St., Rotorua
☎ (07)348-1328
🌐 polynesianspa.co.nz
🕑 9:00〜23:00
　（最終入場22:15）、無休
💲 大人$26.95〜、
　 子ども（5〜14歳）$11.95〜
MAP📍P.13 B-2

♨ 大地熱地帯のパワーを感じる天然の泥温泉

Hell's Gate Mud Bath and Spa

ヘルズ・ゲート・マッドバス&スパ

　ロトルア郊外にある面積約20ヘクタールの広大な地熱地帯。「地獄の門」という恐ろしい名前が付けられ、沸騰する泥池や南半球最大の温水滝などを見学できます。併設の温泉施設ではこの国唯一の屋外泥風呂が人気。全身にサラサラの泥を塗り、乾かしてから冷水シャワーで洗い流すと、肌がつるつるになるのを実感できます。身体が芯から温まる硫黄温泉もあります。

3.大地熱地帯ウォークは所要1時間〜1時間30分。敷地内ではマオリの彫刻体験もできる。／**4.**マオリが800年以上も湯治に利用していたミネラル豊富な泥温泉。全身泥パック感覚で身体中にたっぷり塗ろう。

351 State Hwy. 30, Tikitere, Rotorua
☎ (07)345-3151／🌐 hellsgate.co.nz
🕑 10:00〜18:00（季節によって変動あり）、無休
💲 大人$85〜、子ども（5〜15歳）$42.50〜
MAP📍P.13 C-1

Culture

マオリと現代の文化

Maori Culture

民族のルーツに誇りを持ち
世代を超えて受け継がれる伝統文化

マオリとはニュージーランドの先住民族のこと。人口の約17％（2021年国勢調査）を占め、その文化や風習は今もニュージーランドの暮らしに深く根付いています。例えばマオリ語は、英語、ニュージーランド手話と並ぶこの国の公用語のひとつで、テレビのニュース番組の冒頭やスポーツ大会のセレモニーといった公の場も「キアオラ（KiaOra、現地の発音はキィオラ）」とマオリのあいさつではじまるのが一般的。ワイカト（流れる水）、ロトルア（2番目の湖）などこの国の地名や、クマラ（サツマイモ）、パウア（アワビ）、ピピ（アサリ）、キナ（ウニ）、カーワイ（沖スズキ）といった食材の名前にもマオリ語がよく使われています。

マオリの祖先は約1000年前、7隻のカヌーでポリネシア伝統の島ハワイキから渡ってきたと言われています。ニュージーランドをアオテアロア（白く長い雲のたなびく国）と名付け、部族（イウィ）に分かれて国内各地に定住、狩猟や農耕の生活を送ったようです。現在も全国に残るマラエ（集会所）で儀式を行い、文字を持たなかった分、歌と踊り、彫刻などを通して自身の歴史を次世代に伝えてきました。ラグビーのニュージーランド代表オールブラックスが試合の前に行うパフォーマンス「ハカ」も、マオリの戦士の闘いの踊りです。

こうした言語や文化はハワイ、サモア、トンガといったほかのポリネシア諸国と共通点が多々見られることも興味深い点。しかし地理的には近いお隣オーストラリアのアボリジナルとは文化・風習がまったく異なり、両者のルーツが違うことがよくわかります。

マオリの文化は教育機関で若い世代に受け継がれ、シダの新芽（コル）、釣り針（ヘイ・マタウ）といった伝統モチーフは現代アートにアレンジされたり、企業のロゴにも使われています。

マオリ文化に触れられるスポットは多いので、滞在中、ぜひ体験してみてください。

ロトルアのガバメント・ガーデンにあるマオリの伝統的な彫刻。部族ごとに文様が異なり、文化や歴史を表現している。

1.マオリ伝統の闘いの舞「ハカ」。勇ましいパフォーマンスに圧倒される。／2.お互いの鼻をこすり合わせるマオリの挨拶「ホンギ」。／3.部族の重要な行事を執り行うマオリの集会所「マラエ」。

2 © Te Puia

ニュージーランド航空のロゴはシダの新芽がモチーフ。
©Ladivaza9991

🏛 地熱地帯の驚異とマオリ文化を体験

Te Puia
テ・プイア

3

1. ダイナミックなポフツガイザーはテ・プイア見学のハイライトのひとつ。/
2. 広大な地熱地帯には吹き出す泥泉がいくつも見られる。/3. 彫刻を学ぶ工芸学校の生徒。同校に入学できるのはマオリの血を引く人のみ。

Hemo Rd., Rotorua
☎ (07)348-9047／🌐 tepuia.com
🕐 夏季(9月下旬〜4月上旬)8:00〜17:00、
　冬季(4月中旬〜9月中旬)9:00〜16:00、無休
💲 大人$90〜、子ども(5〜15歳)$45〜
◎ビュッフェ料理ディナーとマオリショー、間欠泉見学がセットになったイブニングツアー(大人$175〜、子ども$122〜)あり
MAP📍P.13 D-1

伝統文化継承のために設立された複合施設。敷地内に国立の工芸学校があり、生徒が作業を行う様子が一般公開されています。入場料にガイドツアーとファカレワレワ地熱地帯の見学料が含まれ、別料金でマオリショーの鑑賞も可能。ショーは儀式からはじまる本格派なので時間が合えばぜひ。地熱地帯では空高く熱湯を噴き上げる間欠泉ポフツガイザーが迫力満点。国鳥キーウィも観察できます。

4

🏛 建国の歴史がわかる重要な史跡

Waitangi Treaty Grounds
ワイタンギ条約グラウンド

4. ニュージーランド建国の歴史がテーマの博物館。貴重な資料の数々を見学できる。/5. 全長約35m、80人乗りの大型戦闘用カヌー。見事な彫刻にも注目したい。

1 Tau Henare Dr., Waitangi
☎ (09)402-7437／🌐 waitangi.org.nz
🕐 2/1〜12/24=9:00〜17:00、
12/26〜1/31=9:00〜18:00、
クリスマスとワイタンギ・デー(2/6)は休み
💲 大人$60、子ども(18歳以下)無料
◎ハンギ料理ディナー&マオリコンサート
(11/1〜12/24の火〜木曜および12/26〜3/31の火・木・土曜18:00〜20:30[2/2〜14除く])大人$120、子ども(15歳以下)$55
MAP📍P.5

1840年、イギリス政府とマオリの部族との間で条約が締結された場所。条約文書のレプリカなど貴重な資料が展示された博物館、イギリス公使のジェイムズ・バズビーが1833〜1840年に暮らした邸宅「条約記念館」、マラエ、マオリの戦闘用カヌーなどをガイドの案内でめぐります。マラエではマオリの儀式とショーが楽しめ、見応えたっぷり。夏季の夕方にはハンギ料理※ディナー&マオリコンサートも。

※ハンギ料理:地中に掘った穴に焼いた石の上に肉やイモ類、カボチャなどの野菜を湿らせた布や葉で包んでのせ、地熱で蒸し焼きにするマオリの伝統料理。

5

希少なニュージーランド産ジェイドのネックレスは$128〜。

旅の記念にマオリ伝統アクセサリーを

Mountain Jade
マウンテン・ジェイド

1.ジュエリーショップのように広々とした店内。／2.一つひとつ職人が丹精込めて手づくり。無料見学ツアー(所要15分)は毎日14:00に開催。より深く知りたい人は有料ツアー(大人$35)がおすすめ。。

1189 Fenton St., Rotorua
☎(07)349-3992／🌐 mountainjade.co.nz
⊙9:00〜17:00、無休／MAP📍P.13 B-2
◎ロトルア市内に2店舗のほか、オークランド国際空港にも店舗あり

この国で性別・年齢を問わず多くの人が身に付けているグリーンストーン(別名ジェイド、ヒスイの一種)のアクセサリー専門店。職人が手作業で仕上げたアイテムが揃います。コル(シダの新芽)は成長・調和、ヘイ・マタウ(釣り針)は成功・旅の安全など各デザインに意味があり、ギフトとしても人気です。キーホルダーなど手頃なものも。

マオリモチーフのおしゃれ雑貨が揃う

The Poi Room
ザ・ポイ・ルーム

力強く野性的なデザインがマオリモチーフの魅力ですが、もう少しやわらかい印象のモノをお探しならこちらへ。ニュージーランドメイドのアートや雑貨を集めた店で、伝統にインスパイアされた、センスのよいアイテムが揃います。ジュエリー、ステーショナリー、ホームウエアと幅広く扱い、商品陳列もキレイでギャラリーのよう。一点モノも多く、特別なギフトにもピッタリ。

17 Osborne St., Newmarket, Auckland
☎(09)520-0399
🌐 thepoiroom.co.nz
⊙9:30〜17:30(土曜17:00)、
　日曜10:00〜16:00、無休
MAP📍P.10 A-2
◎オークランド市内に2店舗あり

3.人気アーティストによるハンドメイドの陶器は$55〜。／4.全面ガラス張りの本店では、アート鑑賞しながら買い物ができる。／5.ニットで編まれたポリネシアンガールの人形はインテリアに◎。

オールブラックスの国で
本場のラグビーを
観戦しよう！

ニュージーランドの国技であり、世代や性別を問わずもっとも人気のあるスポーツと言えばラグビー。全身を黒いユニフォームで包んだ代表チームは「オールブラックス」の愛称で親しまれる国民のヒーローです。

ラグビー王国ニュージーランドで本場の試合を観戦するなら、おすすめは2〜7月に行われるスーパーラグビー・パシフィック。ニュージーランドはブルーズ（オークランド）、チーフス（ハミルトン）、ハリケーンズ（ウェリントン）、クルセイダーズ（クライストチャーチ）、ハイランダーズ（ダニーデン）、モアナ・パシフィカ（オークランド）の6チームが参加し、それぞれの都市のスタジアムで試合が行われるので、公式サイトで日程をチェックし、チケットを購入しましょう。7〜8月ならオールブラックスの試合も観戦できます。

オークランドにあるラグビーの聖地イーデン・パークは鉄道キングスランド駅から徒歩4分、ウェリントンのスカイ・スタジアムは鉄道ウェリントン駅から徒歩13分など会場はどこも市内中心部からアクセスがよく、ほとんどの試合が金〜日曜のナイターなので日中は観光が楽しめます。

© DunedinNZ

1.オールブラックスのキーウィのぬいぐるみ$25〜。お腹のボタンを押すとハカの音声が流れる。／**2.**ハリケーンズの本拠地であるダニーデンのフォーサイスバースタジアム。

◎**スーパーラグビー公式サイト**
🌐 superrugby.co.nz

◎**オールブラックス公式サイト**
🌐 allblacks.com

数々の国際試合の舞台となるウェリントンのスカイ・スタジアム。
MAP📍P.11 A-4

3. 2023年に開催された女子ラグビーW杯。女子の国代表チームの愛称は「ブラックファーンズ」。／4. オークランドのイーデン・パークはラグビーファンなら一度は訪れたい聖地。／MAP📍P.10 A-2／5. ブラックファーンズも試合前にハカ(P.70)のパフォーマンスを行う。機会があれば女子の試合もぜひ観戦してみて！

🏉 ラグビーのすべてを体験できる

All Blacks Experience

オールブラックス・エクスペリエンス

オークランドの中心部にあるラグビーをテーマにした体験型ミュージアム。約45分間のガイドツアーを通してラグビーの歴史や魅力を学べます。映像と音響を駆使した臨場感たっぷりな展示が特徴で、参加者がチームに分かれてゲームに興じるなど、ラグビーをあまり知らない人でも楽しめる内容。ハイライトは大画面に映し出されるハカ(P.70)の映像。まるですぐ目の前でパフォーマンスが行われているかのように迫力満点。施設内には公式ショップもあり、オールブラックスグッズを購入できます。

Level 4, 88 Federal St., Auckland
☎0800-2665-2239(ニュージーランド国内通話料無料)
🌐 experienceallblacks.com
🕒9:30～17:00(ツアーは要予約、ショップは予約不要)
💲ガイドツアー大人$59、子ども(6～14歳)$30
MAP📍P.9 B-3

6. 振動も感じるハカの映像はラグビー初心者でも感動するはず。／7. パスやキックを実際に試せるゲームコーナーも。大人も子どもも夢中になって遊べる。／8. オールブラックスの公式グッズが揃うショップも必見。

Contemporary Art

独自の発想から生まれる
ニュージーランドの現代アート

1 © National Jazz Festival Tauranga

大自然のイメージが強いニュージーランドですが、芸術の創作活動も盛んです。大陸から離れ、物資が豊かでなかったこの国では誰もが創意工夫をして不便さを克服してきたためかDIY精神が旺盛で、それが独自のアートに結びついているのかもしれません。主要都市には必ず美術館やギャラリーがあるほか、劇場、ライブハウスの数も多く、世界的ミュージカルが上演され、さまざまなジャンルの音楽祭、アートフェスティバルも定期開催されます。自然をモチーフにした作品が多いことも特徴です。

ニュージーランド滞在中、美術館を訪ねたり、イベントに参加したりしてこの国らしい自由なアートに触れてみるのもおもしろいと思います。

2 © Stephen A'Court

1.ジャズフェスティバルなど1年を通して音楽系のイベントが多い。／2.ウェリントンには国立バレエ団があり、国内各地で公演が行われる。

🏛 ニュージーランド最大の現代美術館
Christchurch Art Gallery
クライストチャーチ・アート・ギャラリー

3

© ChristchurchNZ 4

3.館外にもオブジェ「Chapman's Homer」が飾られている。／4.建物自体が芸術作品ともいえる現代美術館。新進の才能と出合える。

街でもひと際目を引くガラス張りのモダンな美術館。展示フロアの面積はオセアニア最大級。現代アートの企画展がメインなのでいつ訪れてもフレッシュな印象。ニュージーランドの新しい才能を発掘できます。効率よく見学したいなら無料のギャラリーツアー（所要45〜60分）に参加を。おしゃれなミュージアムショップもチェックしてください。

Cnr. Worcester Blvd. & Montreal St., Christchurch
☎ (03)941-7300／🌐 christchurchartgallery.org.nz
🕙 10:00〜17:00(水曜21:00)、無休／⑤ 無料
MAP📍P.14 A-2

🏛 多彩な展示で見応えたっぷり
Auckland Art Gallery
オークランド・アート・ギャラリー

1.火・水・金曜の13:30〜に所要45分〜1時間の無料館内ツアーが行われている。／2.ニュージーランドをメインに、ヨーロッパの絵画も展示。／3.開放的なアトリウムに独創的なオブジェが飾られている。

国内最大のニュージーランド・アート所蔵数を誇る美術館。4フロアで5世紀にわたる国内の美術品が見られ、海外作品の展示や企画展、イベントも開催。絵画から彫刻、オブジェ、ビジュアルアートまで幅広く、三脚、自撮り棒、フラッシュを使わなければほぼ全館撮影OK。カフェもあり、裏手には公園の緑が広がる都会のオアシスです。センスのよい雑貨が並ぶミュージアムショップものぞいてみてください。

Cnr. Kitchener & Wellesley Sts., Auckland
☎ (09)379-1349／🌐 aucklandartgallery.com
🕐 10:00〜17:00、無休／💲 無料（企画展は有料の場合あり）
MAP📍P.9 B-4

街歩きをしながらアート鑑賞

ニュージーランドの
ストリートアート

　壁画やオブジェといったストリートアートが多いニュージーランド。アートは大体どの街でも見られますが、おすすめはイギリスのフレム、イタリアのピクセル・ポンチョ、ベルギーのROAなど世界の有名アーティストの作品が30以上も見られるダニーデン。市内中心部に集中しており、ほとんど徒歩でまわれます。ウェリントンでは壁画はもちろん、オブジェや彫刻が目立ち、市内中心部だけでも約30の作品が点在。クライストチャーチにはなんと200以上の壁画があり、見学ツアーも開催されています。

◎ダニーデン 📘dunedinstreetart
◎ウェリントン 📷public_art_wellington
◎クライストチャーチ 🌐watchthisspace.org.nz

© Celeste Fontein

4.ウェリントンにあるデヴィッド・ボウイをモデルにした作品。／5.クライストチャーチにあるフランス人芸術家、ティルトの作品。／6.イギリス人作家フレムのニュージーランドの巨鳥モア。ダニーデンにある。

ホビットの家は大小さまざまなサイズで約50戸つくられた。左は家の内部が見られる新施設。ホビットになりきれる記念撮影スポットも多数。

ファンタジーの世界が広がる

映画ロケ地めぐり

　数々のハリウッド大作のロケ地に選ばれているニュージーランド。有名な『ロード・オブ・ザ・リング』『ホビット』シリーズのほか、『ナルニア国／第1章 ライオンと魔女』『アバター』『ウルヴァリン』『エイリアン：コヴェナント』などほとんどがファンタジーやSF映画で、壮大なニュージーランドの自然はこれらの作品の舞台にピッタリ。成長する映画産業ですが、ロケの際はサステナビリティと廃棄物ゼロをポリシーとし、環境への負荷を最小限にするよう撮影クルーに求めていることもこの国らしいスタイルと言えます。

　撮影が多く行われているのは南島クイーンズタウン周辺。ロケ地ツアーに参加すると撮影の裏話も聞くことができます。撮影時に組まれたセットなどは終了後に撤収されますが、唯一保存されているのが北島マタマタの「ホビットン（ホビット村）」。ホビットたちのかわいらしい家が残され、煙突から煙が出たり洗濯物が干してあったりと臨場感バツグン。2023年12月にはホビット穴の内部を再現したスペースも新設され、映画ファンにはたまらない空間です。

　ウェリントンを拠点とする映画制作会社「ウェタ」の複合施設「ウェタ・ワークショップ」を訪ねるツアーもおすすめ。ウェリントン、オークランドの2か所があり、制作現場のほか、撮影に使われた小道具などを見学できます。

ウェタ・ワークショップではハリウッド大作のプロップスや衣装、キャラクター制作などの裏側が見られる。

Hobbiton Movie Set Tours
（ホビット村映画ロケ地ツアー）
501Buckland Rd., Hinuera, Matamata
☎ (07) 888-1505
🌐 hobbitontours.com／🇫 @Hobbitontours
💲 大人$84〜、子ども（9〜16歳）$42〜、
　8歳以下無料（所要：2時間30分〜）
MAP📍P.5

Weta Workshop Tours
（ウェタ・ワークショップ・ツアー）
Cnr. Camperdown Rd. & Weka St.,
Miramar, Wellington（ウェリントン）
Level 5, 88 Federal St., Auckland（オークランド）
🌐 wetaworkshop.com
ウェリントン💲 大人$55〜、
子ども（5〜14歳）$30〜（所要1時間30分〜）
オークランド💲 大人$65〜、
子ども$35〜（所要1時間30分〜）
MAP📍P.11 A-4／P.9-B3

City Guide
街歩きガイド

ウェリントンにある
コーヒー・スプリー
ム直営店カスタム
ズ (P.58)。豊かな
カフェ文化をぜひ
体験しよう。

クイーンズタウンの
中心部。街なかにも
緑があふれているこ
とがこの国の魅力。

North Island
北島

国内最大の都市オークランド、首都ウェ
リントンなどの主要都市を抱え、経済と
政治を担う北島。南島よりも温暖で、マ
オリのほか南太平洋諸国の人々も多く、
亜熱帯の森や美しいビーチ、活発な活
動を続ける火山、地熱地帯など人も自然
もどこかエキゾチックです。

City Guide
of New Zealand

ニュージーランドは魅力的な街が点在し、
自然も文化も個性豊かです。
なかでもぜひ訪れてほしい街を
ピックアップしてご紹介します！

日本人観光客の少ない
穴場。氷河トレッキング
が楽しめます。➡P.26

West Coast
ウエスト・コースト

国内最高峰の周辺に
広がる国立公園。多
くの登山客が訪れま
す。➡P.22

Aoraki/Mt. Cook National Park
アオラキ/マウント・クック国立公園

Queenstown
クイーンズタウン

「女王にふさわしい」ことからその
名が付いた風光明媚な観光地。
➡P.142

春から秋はトレッキング、冬はスキー
場の拠点として大人気。➡P.25、P.145

Tekapo
テカポ

Wanaka
ワナカ

テカポ湖畔のかわ
いい村。天体観測
のベストスポット。
➡P.35

Dunedin
ダニーデン

オタゴ大学を擁する文教都市。
エコツアーも盛んです。➡P.156

通年温暖なビーチリゾート。
ワイタンギ（P.72）など建国
時の史跡が残るエリアも。

Northland
ノースランド

Auckland
オークランド

日本からの直行便もあるニュ
ージーランドの玄関口。国際
色豊かで船舶文化が発達し
ています。➡P.82

● Coromandel Peninsula
コロマンデル半島

原生林やキレイなビーチ
が見どころのリゾート地。

Raglan ●
ラグラン

ニュージーランドを
代表する名サーフス
ポット。➡P.30

Rotorua
ロトルア

北島最大の観光地。温泉が湧く壮
大な地熱地帯で、森と湖でのアウ
トドアアクティビティが盛んです。
➡P.118

● Tongariro National Park
トンガリロ国立公園

ユネスコの世界遺産に登
録されたニュージーランド
最古の国立公園。➡P.25

ロトルアのヘルズ・ゲート（P.68）ではユニ
ークな地熱地帯のハイキングと温泉が楽し
める。

Wellington
ウェリントン

ニュージーランドの首都。文
化度が高く、洗練された雰囲
気が魅力。コーヒーの街とし
ても有名。➡P.106

● Kaikoura
カイコウラ

国内屈指のホエールウォッ
チングスポット。➡P.38

Christchurch
クライストチャーチ

南島最大の都市。街のあちこち
に庭園や公園が広がる美しいガ
ーデンシティ。➡P.128

South Island
南島

雪をたたえたサザンアルプスや複雑に
入り組んだフィヨルドなど圧倒的な自然
が迎えてくれる南島。無国籍な印象の
北島とは異なり、イギリスの影響が強い
クライストチャーチ、スコットランド建築
が残るダニーデンなど、ヨーロッパの伝
統を感じられることも魅力です。

多文化が交差するハーバーシティ

Auckland
オークランド

1

　ニュージーランド最大の都市であり、人口の約40％が海外からの移民というグローバルな街。ハウラキ湾に面した港町で、大型クルーズシップがよく停泊するほか、湾内に多くのヨットが行き交い、「シティ・オブ・セイルズ（帆の街）」の愛称で知られています。

　ほかの都市にくらべて洗練されたショップが多く、食のレベルが高いことも特徴。さらに車やフェリーで少し足をのばすと鬱蒼とした

温帯雨林や美しいビーチなど、ニュージーランドらしい絶景と出会えます。都会と自然が絶妙に調和し、どちらへも気軽にアクセスできるのがこの街の魅力と言えるでしょう。

　海を満喫していただきたい街なので、訪れるならぜひ夏に。潮風を感じながらハーバーサイドを散策するのは爽快で、海を眺めながらアイスクリームを食べたり、屋外のテラス席で冷えたクラフトビールをいただいたりするのは至福のひと時。ヨット、カヤック、サーフィン、ダイビングといったマリンアクティビティも充実していて、週末には音楽ライブや野外映画上映会などイベントが多数行われ、旅行者も気軽に参加できます。

2

市内交通

全域を市バスがカバーしている。とくに中心部を走る真っ
赤な車体の「シティリンク」、ポンソンビーやパーネルを走
る緑の車体の循環バス「インナーリンク」、少し郊外へもア
クセスするオレンジの車体の「アウターリンク」、シティとミ
ッション・ベイやセント・ヘリアスを結ぶ青い車体の「タマ
キリンク」が便利。ほかに電車とフェリーがある（P.168参
照）。ピーハやムリワイ、マタカナなど郊外へ行く場合はレ
ンタカーがおすすめ。
○Auckland Transport（オークランド交通局）at.govt.nz

クイーン・ストリートか
ら1本入ったバルカン・
レーン。小道を気まま
に散策するのも楽しい。

1.スカイタワーがランドマークの商業都市。ヨットやボートの数が多い
こともこの街の特徴。／**2.**標高182mのワン・トゥリー・ヒル。市内には50
もの死火山が点在する。／**3.**目抜き通りのクイーン・ストリートにはブラ
ンドショップやレストランが並ぶ。／**4.**フィッシュマーケットにて。港町の
新鮮な魚介類を堪能しよう。／**5.**ワン・トゥリー・ヒルのあるコーンウォ
ール・パークには牛や羊が放牧されている。

Central City & Waterfront
セントラルシティ・アンド・ウォーターフロント

オークランドの街歩きはここから

スカイタワーの展望台からはオークランドの街が一望のもと。

　シティと呼ばれる中心地。地上328m、南半球でいちばん高い建物であるスカイタワーの周辺に高層ビルが並び、目抜き通りのクイーン・ストリートを北へ進むと電車や多くのバスが発着する交通センターのブリトマート、その西側にプリンセスワーフからヴァイアダクト・ハーバー、ウィンヤード・クォーターへと続くウォーターフロントエリアが広がっています。海沿いのキー・ストリートには観光案内所i-SITEがあり、情報収集のほかアクティビティやツアーの予約もできます。

　シティには一流ブランドのブティックやセンスのよいショップ、カフェ、レストランが徒歩圏内に集まっているので、気ままに散策するといいでしょう。日中はウォーターフロントを散歩したり、天気のよい日はスカイタワーの展望台にのぼるのもおすすめ。ヨットクルーズの出発地であるヴァイアダクト・ハーバーにはバーやクラブが並び、オークランドきっての夜遊びスポットでもあります。

1.潮風が爽快なウィンヤード・クォーター。夏の週末はマーケットなどイベントが多数行われる。／**2.**ウィンヤード・クォーターから望むスカイタワー。ここから眺める夜景も美しい。

3.60階のスカイデッキ（220m）、51階の展望台（186m）のほか、バンジージャンプやスカイウォークもできる。

🏛 ニュージーランドの豊かな海洋史を紹介

New Zealand Maritime Museum
ニュージーランド海洋博物館

海を渡って渡航してきたポリネシア人のカヌーと航海術から、ヨーロッパ移民の船旅、捕鯨、漁業、最新技術を搭載したヨットレース事情まで、あらゆる角度から海洋国ニュージーランドと海との関わりを紹介。充実した展示内容に加え、歴史あるヨットを復元したテッド・アシュビー号でのセーリングもセットで楽しむのがおすすめ。船上から眺めるオークランドの街並みは格別な美しさです。

Corner Quay & Hobson Sts.., Viaduct Harbour, Auckland
☎ (09)373-0800／🌐 maritimemuseum.co.nz
⏰ 10:00～17:00(最終入館16:00)、無休
セーリング＝テッド・アシュビー号火～日曜11:30・13:30発
(所要1時間)ほか
💲 大人$24、子ども(5～14歳)$12
セーリング＝大人$63、子ども$30(博物館の入館料込み)
MAP 📍 P.9 A-3

© New Zealand Maritime Museum

© New Zealand Maritime Museum

1.ヨットレースの最高峰アメリカズ・カップを制したブラックマジック号を展示。／2.ヨットやクルーザーが集まるヴァイアダクト・ハーバーにある。／3.テッド・アシュビー号でワイテマタ湾を優雅にセーリング。

🛍 買い物もグルメもワンランク上！

Commercial Bay
コマーシャル・ベイ

2020年にオープンしたショッピングモール。ファッション、インテリア、コスメなど感度のいいショップが60軒以上集結。おすすめはニュージーランドのアート雑貨を揃えたCreative & Brave(クリエイティブ＆ブレイブ)や、マタカナ(P.103)生まれのチョコレート店Honest Chocolat(オネスト・ショコラ)。フードコートのあるレストランフロアを中心にグルメスポットも充実しており、食事するために訪れるのも◎。ひと休みするならオーガニックコーヒーブランド、Kokako(コカコ)のカフェで！

4.選りすぐりの店が集まるオークランドの最新モール。／5.1階には路面店形式の店舗が並ぶ。／6.手頃な食事や休憩にピッタリなフードコート。

7 Queen St., Auckland／☎ (027)368-8659／🌐 commercialbay.co.nz
ショッピング⏰ 10:00～18:00(木～土曜19:00、日曜17:00)、レストラン⏰ 7:00(日曜8:00)～23:30／MAP 📍 P.9 B-4

☕ 野菜たっぷりのヘルシーランチが充実

Rude Boy Deli & Eatery
ルード・ボーイ・デリ・アンド・イータリー

天井が高く、片側全面がガラス張りで陽光が降り注ぐ明るい店内。スカイタワーの裏手に位置し、シティでも穴場感のあるカフェ＆デリです。私が通うジムがすぐそばなので、週末のエクササイズの後、友人たちとよくランチに行きます。フライドチキン、バーガー、エッグベネディクトなどメニューはどれもボリューミーで、サイドに野菜がたっぷり付くからヘルシー。ウイークデーには好みのサラダを2〜3種類選べるハウスサラダがランチに人気で、週末にはさまざまな種類のケーキがキャビネットに並びます。

天気のよい日は屋外にもテーブルが並び、愛犬を連れて食事やコーヒーを楽しむ人も。ニュージーランドらしいのんびりした居心地のよい雰囲気もお気に入りです。

1.インコやダイヤモンドなどをモチーフにしたポップで個性的なウォールアートが楽しい。／2.肉厚でもやわらかいポークベリーのエッグベネディクト$27。サイドのキムチがアクセント。／3.アサイーやブルーベリーなどフルーツをふんだんに使ったスムージーボウルは朝食に最適。／4.キャビネットに並ぶケーキの種類は多彩。1ピース$8.90程度。

34 Sale St., Auckland
☎ (09)974-5515
📷 @rudeboydelieatery
🕐 7:00〜16:00、土日曜8:00〜15:00、無休
MAP 📍 P.9 B-3

☕ 目でも舌でも楽しめる繊細スイーツ

Miann ミアン

1. 板チョコ＄11〜は手描き風のパッケージもステキ。／**2.** チョコレートでできたテイクアウトカップの中にはティラミスが。＄16。／**3.** 見た目もかわいいマカロンとプチガトー。プチガトーの種類は日替わりで＄14〜。

Arthur Nathan Lobby, 37 Galway St., Britomart, Auckland
☎(021)204-1100／🌐 miannchocolatefactory.com
🕐8:00(日曜12:00)〜22:00(金曜23:00)、土曜12:00〜23:00、無休
MAP📍P.9 B-4

スイーツを食べるならはずせないデザート専門レストラン。ペストリーシェフのブライアンさんが手がけるガトーやマカロンなどは、甘すぎない上品テイストで見た目もアートのような美しさ。クリスマス、イースターといった季節の限定商品も見逃せません。おみやげにピッタリなパッケージも。ポンソンビーと郊外のモーニングサイド、サンドリンハムにも店舗があります。

☕ 並んでも食べたい斬新アイス

Giapo ギアポ

12 Gore St., Auckland
☎(021)412-402
🌐 giapo.com
🕐13:00〜22:00(土日曜22:30)、月曜休
MAP📍P.9 B-4

行列の絶えないアイスクリームパーラー。「普通のアイスクリームじゃつまらない」をモットーにした斬新なデコレーションが話題で、日本のテレビ番組でも取り上げられた有名店です。新鮮な素材を使ったフレーバーは定期的に変わり、どれもハズレなしのおいしさ。チョコレートなどでコーティングされたワッフルコーンや巨大イカがモチーフのコーン、フォトフレームに見立てたセルフィーコーンなどユニークなモノばかり！

4. チョコレートでつくられた個性が際立つセルフィーコーン＄28。ぜひ自撮りを！／**5.** オークランドのシンボル、スカイタワーをアイスにするなど大胆な発想が魅力。／**6.** フォトジェニックなアイスクリームは1スクープ＄9.50〜。写真の上部のトッピング＄1〜はヘーゼルナッツ。

87

✕ モダンフレンチが自慢のワインバー

Apéro アペロ

1

2

オークランドの目抜き通り、クイーン・ストリートの坂を上りきったところにあるのが、カランガハペ・ロード（通称Kロード）。ここはナイトクラブやキャバレーが並び、ちょっと怪しげなムードも漂う歓楽街ですが、アペロはそんな騒がしい雰囲気とは一線を画すおしゃれなワインバーです。

フランス出身のオーナーシェフ、レズリーさんによる日替わりメニューは、イベリコ豚の生ハム、テリーヌ、ポークソーセージ、ゴートチーズのコロッケなど、どれもワインとの相性が抜群。レズリーさんの夫モーさんがワイン選びを担当し、ニュージーランド国内はもちろん、フランスをはじめとする海外からも選りすぐりの銘柄をセレクト。レンガ造りの洗練された店内で、優雅な夜を過ごせます。小さな店なので、特に週末は予約がマスト。ワイン好きはぜひ！

3

1.にぎやかなKロードにありながら静かで落ち着ける大人のムード。／2.ハム、パテなどがボードに乗ったシャルキュトリー・プラッター$36、キングフィッシュのキクイモチップス添え$28などワインが進むメニューがずらり。／3.レンガ造りのシックな店。

280 Karangahape Rd., Auckland
☎ (09)373-4778
🌐 apero.co.nz
🕐 17:00（金曜12:00）〜22:00、土日曜休
MAP📍P.9 C-3

✖ バルを思わせるカジュアルダイニング

Depot Eatery デポ・イータリー

スカイタワーの真下にある超人気店。予約不可なので並ぶこともありますが、待つ価値は十分。おすすめはオイスター$5.50〜やクラム（ハマグリ）$4〜。この国にオイスターバーはたくさんありますが、生のハマグリが食べられる店はここ以外に知りません。トラバリー（シマアジ）の刺身$25にマヨネーズとバジルを添えるなど、日本とは違う楽しみ方も発見できます。

86 Federal St., Auckland／☎(021)954-132
🌐 eatatdepot.co.nz
🕐 7:00〜21:00（土日曜21:30）、無休
MAP📍P.9 B-3

1.オイスターとクラムをどっさり揃えたカウンターがあり、注文後に殻を剥くから鮮度が違う！／**2.**タパス風メニューは基本的にシェアプレート。大皿料理のステーキは$38。

✖ 週末は予約必須の名イタリアン

Amano アマノ

ニュージーランド各地の厳選ファーマーから仕入れた新鮮食材を使ってつくるモダンイタリア料理のレストラン。歴史的建造物を改装した店で、料理がおいしいことはもちろん、都会的でおしゃれな雰囲気に気分が上がります。おすすめは南島産の小麦粉と北島ファンガレイ産のフリーレンジエッグを原料に手打ちする種類豊富な生パスタ$32〜。併設ベーカリーのパンも絶品です。

剥き出しの天井や古い鉄筋の柱を生かし、モダンに改装したスタイリッシュな店。

68 Tyler St., Auckland
☎(09)394-1416
🌐 savor.co.nz/amano
🕐 7:00〜深夜、無休／MAP📍P.9 B-4

クリームチーズやフルーツをトッピングした朝食メニューのブランローフ$18。

Ponsonby & Herne Bay

ポンソンビー・アンド・ハーン・ベイ

トレンド感ある
ヒップなストリート

　約2kmにわたって続くポンソンビー・ロードを中心としたスタイリッシュなエリア。とくに複合施設ポンソンビー・セントラル周辺にクールなブティックやグルメスポットが集中しています。シティからは約2kmで、市バスのインナーリンクでアクセス可能。カフェ激戦区でもあるので、散策しながら気になる店をのぞいてみて。バーやクラブが多く、夜遊びにもピッタリ。週末の夜にはDJも登場し、おしゃれな若者でにぎわいます。

　ポンソンビーに隣接するハーン・ベイはハイソなムードが漂う高級住宅地。メインストリートのジェーヴォイス・ロード沿いに実力派ダイニングが並び、ポンソンビーよりさらに地元感が味わえます。また、ハミルトン・ロード・ビーチ、センティネル・ロード・ビーチなど小さなかわいいビーチがいくつもあるのでピクニックにもおすすめ。夏は海水浴もできます。ハーン・ベイへ足をのばすならアウターリンクが便利です。

1. アパレルブティックから雑貨店、カフェ、レストラン、バーまで揃い、どこもスタイリッシュ。／**2.** 時計塔が優美な旧郵便局はポンソンビーのランドマーク。現在はレストランとして営業。／**3.** センティネル・ロード・ビーチは地元住民の憩いの場。トイレやシャワーも完備している。／**4.** カフェやおしゃれな店が集まるショッピングセンター、ポンソンビー・セントラル。

🔒 普段使いもできるヨガウェア

We'ar ウェア

100％オーガニックコットンや環境に
やさしいバンブー生地を使ったニュージー
ランド生まれのヨガウェア・ブランド。一
見シンプルですがカットやデザインが絶
妙で、タウンユースにもOKなおしゃれア
イテムばかり。決して安くはありませんが
高品質で肌触りもいいので、一度着ると手
放せません。ヨガインストラクターは旅行
者でも事前登録で指定の商品が20％割引
になるのでお見逃しなく！

1.ニュージーランドのヨガ愛好者御用達ブランド。量産しないので
レア度も満点！／**2.**オーガニックコットンTシャツ$98～、ヨガタイ
ツ$75～、レギンス$118～など。

122 Ponsonby Rd., Ponsonby, Auckland
☎(09)378-8140／🌐 we-ar.com
🕙10:00～17:00、日曜11:00～16:00、無休／MAP📍P.8 C-2

☕ 身体がよろこぶオーガニックカフェ

Little Bird Kitchen

リトル・バード・キッチン

オーガニックフード・ブランド「リト
ル・バード」の直営カフェ。レンガの壁
がおしゃれな店内に観葉植物が配され、
ナチュラルでリラックスできる雰囲気。
スムージー$11～、サラダなどヘルシー
メニューが揃い、ヴィーガンやグルテン
フリーにも対応。ワイン、ビール、カク
テルなどアルコールもオーガニックで、
ここで食事をすると心身ともに浄化され
るのが感じられます。

3.健康志向の女性客が
多い店。にぎやかなポンソ
ンビー・ロードから入った
小道にあり、穴場感も◎

4.クマラ（サツマイモの一種）と焼きバナナの
ホットケーキ$24はやさしい甘さ。／**5.**フレンド
リーなスタッフがお出迎え。おすすめメニュー
など気軽に質問してみて！

1 Summer St. Ponsonby, Auckland
☎(027)648-4757
🌐 littlebirdorganics.co.nz
🕗8:00～16:00、無休
MAP📍P.8 B-2

1

🛍 **NZメイドのギフトが揃う**

The Garden Party
ガーデン・パーティ

ハウスウェアから雑貨、アート、コスメ、キッズ用品まで、メイド・イン・ニュージーランドにこだわった厳選のギフトアイテムがぎっしり並ぶセレクトショップ。自分用はもちろん、大切な人へのプレゼント探しにも重宝します。新作が常に入荷するのでリピートする楽しみも。ニュージーランド固有の野鳥がモチーフのものも多く、比較的手頃な商品も少なくないのでぜひ足を運んでみてください。

1.インナーリンクのバス停から近く、アクセス至便な店。/**2.**幅広いジャンルのギフトアイテムが並ぶ。お宝探し気分で物色してみよう。/**3.**野鳥を描いたアートポスター$26〜。

130 Ponsonby Rd., Ponsonby, Auckland
☎(09)378-7799／🖥 thegardenparty.co.nz
🕙10:00〜18:00(土・日曜17:00)、無休／MAP📍P.8 C-2

4

🍴 **近くのビーチでピクニックランチも◎**

Fish Smith
フィッシュ・スミス

ニュージーランドの国民食フィッシュ＆チップスの名店。スナッパー（鯛）、ガーナード（ホウボウ）など4種類ほどあり、揚げたては衣がカリッ、白身魚がふわっとして絶品。カラマリ、パウア（アワビ）、マッスル（ムール貝）といった魚以外のシーフードや、フィッシュタコス$19〜、フィッシュバーガー$16〜もお試しを。サイドにはチップス$6〜のほか、自家製サラダもおすすめです。

5

4.レモンを搾っていただくと爽やか。サラダもおいしく、チップスはハンドカットして2度揚げ。/**5.**テイクアウトが基本だが、イートインもOK。カウンター席があり、おひとりさまにも便利。

200 Jervois Rd., Herne Bay, Auckland
☎(09)376-3763
📷@fishsmith_hernebay
🕙12:00〜21:00、月曜休
MAP📍P.8 B-1

✗ 地元で評判の南インド料理レストラン

Satya
サティヤ

移民国家ニュージーランドではさまざまな国の本格的な料理が楽しめることが魅力。とくにインド料理はハイレベルですが、なかでもおすすめしたいのがこちら。種類豊富なカレー$18〜はもちろん、前菜のダヒプリ$12も絶品で、これまでいろいろなメニューを試しましたが、どれもハズレなしです。アルコールの扱いはありますが、BYOW（1人$5）で好きなワインの持ち込みも可能。

1.インドらしさを感じるカラフルな店。すぐ近くに姉妹店の「チャイ・ラウンジ」もある。／2.20年以上の歴史を持つ有名店。カレーの辛さのレベルはオーダー時に選べる。／3.いつも必ず注文するダヒプリ。ヨーグルトの酸味が爽やかで、あとを引くおいしさ。

17 Great North Rd., Ponsonby, Auckland／☎(09)361-3612／🕸 satya.co.nz
🕐12:00〜13:30、18:00〜21:30（日曜21:00）、日曜ランチ休／MAP📍P.8-C-2

✗ 肉食派必訪の高級ステーキハウス

Jervois Steak House
ジェーヴォイス・ステーキ・ハウス

独自のルートで仕入れた最高級ビーフのみを使用し、ひと口でわかる質の違いは感動的。イチオシはドライエイジングした北島タウポ産アンガス牛のステーキ$44〜。ソースはマッシュルーム、グリーンペッパーコーンなど9種類から選べます。前菜にはまろやかなビーフタルタル$26をぜひ。お肉に合うワインの品揃えも秀逸です。レンガ造りの一軒家レストランで優雅なディナーを満喫してください。クイーンズタウンに支店があります。

4.ニュージーランド西海岸で育ったグラスフェッド牛の骨付きアイフィレステーキ。／5.ドレスコードはないが、おしゃれをして出かけたくなる上品な雰囲気の店。

70 Jervois Rd., Herne Bay, Auckland
☎(09)376-2049
🕸 jervoissteakhouse.co.nz
🕐17:30（木金曜12:00）〜22:00、無休
MAP📍P.8-B-2

Area 3	Mission Bay & St. Heliers

ミッション・ベイ・アンド・セント・ヘリアス

リゾート感漂うビーチタウン

沖合いにランギトト島が浮かぶ美しいビーチ。周囲には公園が広がり、のんびりできる。

波の穏やかな遠浅のビーチを中心としたエリアで、シティから約6kmという至近距離にありながらリゾートに来たような気分が味わえます。海沿いを走るメインロード、タマキ・ドライブから望む景色も素晴らしく、潮風に吹かれながら散歩すると爽快。地元の人はジョギングやサイクリング、釣りなどを楽しみます。途中にある水族館は、小規模ながら世界最大の南極ペンギンの展示が人気で、家族連れにおすすめです。ビーチ沿いにおしゃれなレストランやカフェが並んでいて食事に出かけるのも◎。夏は海水浴のほか、カヤックやSUPにトライしてみては? ビーチでアイスクリームを食べるのもお約束です。シティから市バスのタマキリンクでアクセスできます。

カヤック、SUPのレンタルはココ!

Auckland Sea Kayaks
（オークランド・シーカヤックス）

Mission Bay Beach, Mission Bay, Auckland
☎(09)392-7877／⊕ aucklandseakayaks.co.nz
🕘9:00〜17:00、無休(悪天候時は休み)
💲レンタル料金:SUP1時間$35〜、
　カヤック1時間$35〜ほか
MAP♥P.10 B-1

1.海に面したカフェでリゾート気分を満喫しよう。／2.ミッション・ベイビーチでは予約不要でカヤックやSUPがレンタルできる。／3.世界で最初にトンネル式水槽をつくったシーライフ・ケリー・タールトンズ水族館。

☕ 大手乳製品ブランドのプレミアムアイス

Kapiti at Mission Bay
カピティ・アット・ミッション・ベイ

ニュージーランドのグラスフェッドミルクからつくられる乳製品ブランド、カピティ直営店。ホーキーポーキー、ソルテッドキャラメル、チョコレートブラウニーなど常時16種類ほどのフレーバーを揃えています。どれも濃厚かつクリーミーで、アイスクリームを使ったサンデーやミルクシェイクもおすすめ。2階にイートインスペースがありますが、夏はぜひ目の前のミッション・ベイ・ビーチで。

61 Tamaki Dr., Mission Bay, Auckland／f @Kapitiatmissionbay
⏰10.00〜21:00（夏季22:00、変動あり）、無休／MAP📍P.10 B-1

1.1スクープ$7。カップかコーンが選べる。サンデーは$15、ミルクシェイクは$7.50〜。プラントベースのアイスクリームもある。／2.海が望める2階のイートインスペース。／3.ニュージーランド人は大人も子どももアイスクリームが大好き。週末には列ができることも。

☕ 🍴 海を眺めながら優雅なランチを

St. Heliers Bay Café & Bistro
セント・ヘリアス・ベイ・カフェ・アンド・ビストロ

ビーチフロントのリゾートダイニング。大きな窓の外に海が広がり開放的な美景が望めます。朝食はフレンチトースト$26やオムレツ$24、ランチとディナーには和牛バーガー$29、アイフィレ$43などがサーブされ、どれもニュージーランドのレストランではおなじみのメニューですが、厳選素材を使っていねいに調理されているため味わいはワンランク上。見た目も洗練されています。

4.夏にピッタリのセヴィーチェ$22。メニューは季節ごとに変わり、1品$20〜が目安。／5.カクテルやビールもあるが、木曜17時〜はワインを無料で持ち込めるBYOWサービスを実施。

387 Tamaki Dr., St. Heliers, Auckland
🌐 stheliersbaybistro.co.nz
⏰7:00〜深夜、無休
MAP📍P.10 B-2

Takapuna & Devonport

タカブナ&デボンポート

Area 4

ノースショアの人気2大タウン

ワイテマタ湾を挟んだシティの対岸ノースショアにある2つのエリア。タカプナはリゾートの雰囲気を持つ明るいビーチタウンで、おしゃれなレストランやショップも多く、いつもにぎやか。日曜朝のマーケットも活気があります。シティから車で15分、市バスでは82番ブラウンズ・ベイ行きで約20分です。

デボンポートはビクトリア調の歴史ある街並みが残る港町で、ノスタルジックなムードが魅力。シティからはフェリーが便利で、約10分の気持ちいいプチクルーズが楽しめます。

1.全長2.6kmのタカブナ・ビーチ。夏は水泳大会や音楽ライブなどイベントが多数行われる。/**2.**デボンポートのフェリー乗り場前にある1900年創業のエスプラネードホテル。

👓 オークランドのベストビュースポット

Mount Victoria

マウント・ビクトリア

デボンポートにある標高87mの小高い丘。舗装されたトレイルが伸びていて、途中で写真を撮りながらのんびり歩いても20分程度で登れます。山頂からはオークランドの街並みが一望のもと。360度遮るもののないパノラマ美景が楽しめます。19世紀後半には旧イギリス連邦軍の要塞として使われていた歴史があり、現在も隠れ砲台が残されています。

1.ちょっとしたハイキング気分が味わえる。ランチ持参でピクニックするのも楽しい。/**2.**山頂に点在するカラフルなキノコのオブジェは地中の水道管の排気口。記念撮影にいかが?

Mount Victoria, Devonport, Auckland
aucklandnz.com/explore/takarunga-mount-victoria
MAP📍P.10 C-2

☕ 美景と美食を堪能できる海辺のカフェ

Takapuna Beach Cafe
タカプナ・ビーチ・カフェ

タカプナ・ビーチの目の前にあるカフェ。夏はウッドデッキのテラス席が大人気で、予約不可のランチタイムは並ぶこともしばしば。キレイな海を眺めながら過ごせます。フレンチトースト$19〜、ムール貝のワイン蒸し$26〜、スキャンピとフェンネルのハンドカットパスタ$34など、メニューは見映えも味もハイレベル。テイクアウトカウンター「The Store」に並ぶペストリーやジェラートもおすすめです。

1.ビーチフロントにある絶好のロケーション。夏のランチやコーヒータイムはここでキマリ！／**2.**混雑時は「The Store」でドリンクやペストリーをテイクアウトして目の前のビーチでぜひ。

22 The Promenade, Takapuna, Auckland
☎ (09)484-0002／🌐 takapunabeachcafe.co.nz
⏰6:30〜18:00、無休／MAP📍P.11 B-4

🛍 オークランドNo.1の手づくりチョコレート

Devonport Chocolates
デボンポート・チョコレート

デボンポートで25年以上続くショコラティエ。サモアの契約農家から取り寄せたカカオを使い、職人が手づくりするチョコレートはクリーミーな上品テイストでおみやげにピッタリです。カカオ含有率は35〜70%が中心で、全体的にビターな大人味。ボンボン、タブレット、ブリットルなど種類多彩で、ギフトパッケージも豊富です。

17 Wynyard St., Devonport, Auckland
☎ (09)445-6001
🌐 devonportchocolates.co.nz
⏰9:30〜17:30（金〜日曜17:00）、無休
MAP📍P.10 C-1

3.チョコレートカラーの外観がかわいい。店内ではガラス越しに工房の様子を見学できる。／**4.**トリュフは1個$3〜、チョコレートバーは$14.50が目安。季節の限定品もチェックしたい。

West Coast
ウエスト・コースト

神秘的な黒砂のビーチと亜熱帯雨林

サーフィンの名所であるピーハ・ビーチ。
国内のサーフィン大会もよく行われる。

　鬱蒼とした原生林の森に包まれ、ピーハ、カレカレ、ムリワイ、アナファタなど野性的なビーチが点在するウエスト・コースト。シティから車でわずか40分とは思えないほどスケールの大きな自然が迎えてくれます。

　ナチュラルな暮らしが根付き、サーファーが多く暮らすピーハは独特のヒップな雰囲気が魅力。ムリワイにはカツオドリのコロニーがあり、毎年8～3月に2000羽以上の鳥たちを観察できます。ワイン産地である近隣の町クメウ（地元の発音はクミュー）でワイナリーを訪ねたり、ハイキングに出かけたりするのも◎。アラタキ・ビジターセンターの展望台からの絶景は必見！

アナファタ・ビーチへと続くトレイルは森も
海も楽しめ、気軽なハイキングにおすすめ。

自然を感じるイチオシスポットはココ！

Muriwai Gannet Colony（ムリワイ・ガネット・コロニー）
428 Motutara Rd., Waitakere, Muriwai, Auckland
🌐 newzealand.com/jp/feature/muriwai-gannet-colony
◎翼を広げると約2mという巨大なカツオドリを間近で観察できる
MAP♥P.10 A-1

Arataki Visitor Centre（アラタキ・ビジター・センター）
300 Scenic Dr., Oratia, Waitakere, Auckland
☎(09)892-4777／🅵@aratakivisitorcentre
🕘9:00～17:00、無休
◎展望台から原生林が望め、ショートウォークの起点でもある
MAP♥P.10 A-1

1

2

1.ムリワイ・ビーチにあるカツオドリのコロニー。／**2.**アラタキ・ビジター・センターの展望台からの鬱蒼とした原生林は圧巻のひと言。

🍷 ファミリー経営の老舗ワイナリー

Soljans Estate
ソルジャンズ・エステート

クミューの自社畑のほか、国内各地から取り寄せたブドウを使い、ピノ・グリ、シャルドネ、ピノ・ノワール、シラーなど多彩なワインを生産。試飲（$10）・購入ができるセラードアと、地元の新鮮な食材を使いニュージーランドのエッセンスを加えた地中海料理のレストランを併設しています。おすすめはプレミアムなフィフス・ジェネレーション・シリーズと約10年熟成させたポートワイン。ランチとお買い物に出かけてみて！

1.5世代にわたって続くワイナリーを象徴したフィフス・ジェネレーション・シリーズのシャルドネ$52〜。／2.スタッフからくわしい説明を受けながら試飲できるセラードアは予約不要。／3.ポートワインはミニボトルからデキャンタまでサイズもいろいろ。$13〜。

366 State Highway 16, Kumeu, Auckland／☎(09)412-5858／🌐 soljans.co.nz
セラードア⌚9:00〜17:00、無休／レストラン⌚10:30〜14:00(L.O.)、土日曜10:00〜14:30(L.O.)、無休／MAP📍P.10 A-1

☕ 海の家感覚で使えるカジュアル・メキシカン

Murray マレー

ピーハ・ビーチの目の前にあるフードトラックタイプのメキシカン・カフェ。タコスはプルドポーク、スモーキービーフ、チキンなど約4種類。ほかにメキシコ風サンドイッチのトルタや数人でつまみたいナチョスも。サーフィンや海水浴の後のランチにぴったりです。すぐ隣のサーフクラブにはブラザーズ・ビア（P.55）のバーがあり、海を眺めながら1杯飲みたいときはそちらがおすすめ。

25 Marine Pde., Piha／☎021-205-6022
📷 @murray_piha
⌚10:00〜20:00（土日曜8:30〜）、月・火曜休み
※時期・天候により変動あり
MAP📍P.10 A-1

4.地元サーファーやビーチラバーご用達の開放的な店。／5.具材が選べるタコス$10。ドリンクはコーヒー、レモネード、スムージーなど。揚げたてのフィッシュ＆チップスもおいしい。

🛏 便利な立地と落ち着いた雰囲気が魅力

Heritage Auckland
ヘリテージ・オークランド

　1920年代にデパートとして建てられた歴史的建造物を利用した風格ある5ツ星ホテル。重厚感ある本館・ホテル棟と増設されたモダンな別館・タワー棟があり、面積30㎡〜とゆったりとした造り。47〜140㎡のスイートにはキッチンが付いています。

　夏は街の景色が楽しめる屋上のプールがオープン。プールサイドのバーも雰囲気があり、アーバンリゾートを満喫できます。ほかの季節は屋内の温水プールが利用できます。

1.ホブソン・ストリートに面したホテル棟のメインエントランスは存在感たっぷり。/2.クラシックな本館・ホテル棟のファミリースイート。キッチン付きで長期滞在にも便利。/3.シティビューを満喫しながら泳げるルーフトップの屋外プール。

35 Hobson St., Auckland／☎ (09)379-8553
🌐 heritagehotels.co.nz/heritage-auckland
🛏 1室$389〜（朝食別）／全184室／MAP📍P.9 B-3

🛏 甘い夢が見られるスイス生まれのホテル

Mövenpick Hotel Auckland
モーベンピック・ホテル・オークランド

　スイス発アイスクリームブランド、モーベンピックが世界展開するホテルが2022年5月にニュージーランドにも登場。コマーシャル・ベイ (P.85) の向かいという便利な立地とシンプルで上品なインテリアが魅力です。そしてこのホテルに滞在する最大の楽しみは、毎日15:00からロビーで開催される1時間のチョコレートアワー。さまざまなチョコ菓子を堪能してみて！

4.オーシャンビューの客室も。アメニティにはニュージーランドの自然派コスメブランド「アミキ・マヌカハニー」を採用。/5.チョコレートアワーが開催されるロビー。館内にはカフェとモダン韓国料理のレストラン＆バーもある。/6.毎日ホテルに戻るのが楽しくなるチョコレートアワー。

8 Customs St. East／☎ (09)377-8920
🌐 movenpick.accor.com
🛏 1室$259〜（朝食別）／全207室
MAP📍P.9 B-4

🛏 豪華客船をイメージした海辺のホテル

Hilton Auckland

ヒルトン・オークランド

　海に突き出たプリンセス・ワーフの先端に位置し、客船に宿泊しているような気分が味わえるホテル。全室バルコニー付きで海側の部屋からはハーバーの眺めと潮風を堪能できます。館内にシーフードの名店「フィッシュ」があるほか、ヴァイアダクト・ハーバーが隣なので食事にも夜遊びにも事欠きません。屋外プールも海に面しており、側面がガラス張りなので泳ぎながら景色が楽しめます。

1.紺碧の海に映える真っ白な外観。まさに港に停泊している豪華客船のよう。／**2.**デラックス・ハーバービューの客室はワイテマタ湾の美景が楽しめる。／**3.**甲板を思わせるバルコニー。デッキチェアに身体を預けてゆったり過ごしたい。

147 Quay St., Auckland
☎ (09)978-2000
🌐 hiltonhotels.jp/hotel/auckland/hilton-auckland
🛏 1室$511〜(朝食別)／全187室／MAP 📍 P.9 A-3

🛏 個性が際立つブティックホテル

Hotel DeBrett

ホテル・デブレット

　都会的なデザインが楽しいアールデコ・スタイル。全客室が異なるレイアウトで、レトロモダンな雰囲気。地元作家による客室アートやロコブランドのアメニティを揃えるなど、この国らしさを感じる工夫もそこここに。スタッフのフレンドリーなおもてなしも好評で、6割近くがリピーターとか。バーもおしゃれです。

4.館内レストランでは週末の午後に1920年代を意識したハイティーをサーブする。／**5.**ダイニングスペースのある広々としたブティックスイート。バスルームは床暖房完備で冬もあたたかい。／**6.**おしゃれなショップやレストランが並ぶハイ・ストリートに位置し、周辺の散策も楽しい。

2 High St., Auckland
☎ (09)925-9000／🌐 hoteldebrett.com
🛏 1室$293〜(朝食別)／全25室
MAP 📍 P.9 B-4

エッグベネディクトなど朝食はどれもおいしく、起きるのが楽しみになりそう!

🛏 朝食が自慢のサステナブルな宿

The Great Ponsonby Arthotel

ザ・グレート・ポンソンビー・アートホテル

1.ゲストが自由に使える公共のラウンジエリア。ほかの旅行者と交流も進みそう。／**2.**南太平洋の樹皮布タパのアートが飾られた客室はどこかエキゾチック。

　にぎやかなポンソンビー・ロードから一歩入った閑静な住宅街にあり、地元の家庭に滞在している気分が味わえるB&B。南太平洋のアートが飾られた館内は客室も共用ラウンジも快適で、親切なホストが観光の相談にも応じてくれます。最大の魅力はおいしい朝食。オムレツ、クレープなど豊富なメニューのなかから好きな一品が選べ、天気がよい日はバルコニーでいただくと幸せです。

30 Ponsonby Terrace, Ponsonby, Auckland
☎(09)376-5989、0800-766-792(ニュージーランド国内通話料無料)
🌐 greatpons.co.nz
🛏 1室$345〜(朝食付き)／全11室／MAP📍P.8 B-2

🛏 ラグビー観戦に便利な快適モーテル

Asure At Eden Park Motel

アシュレ・アット・イーデン・パーク・モーテル

　オールブラックスの本拠地イーデン・パークから数メートル。1910年建築の歴史あるヴィラを改装し、全室キッチン付き。清潔で居心地がよく、マネージャーは日本人なので言葉の面も安心。レンタカー利用者を対象としていますが、鉄道駅とバス停が目の前にあり、おしゃれなレストランやカフェも徒歩圏内と、車なしでも困りません。地元の生活感が味わえることも魅力です。

36 Sandringham Rd., Auckland
☎(09)846-4919、0800-283-336(ニュージーランド国内通話料無料)
🌐 edenparkmotel.co.nz
🛏 1室$159〜(朝食別)／全10室／MAP📍P.10 A-2

4.イーデン・パークのすぐ前にあるエントランス。／**5.**設備はモダンで快適。バリアフリーの客室もある。／**6.**フルキッチンが完備した部屋も。この国の宿泊施設にはめずらしく、炊飯器を借りることができる。

オーガニックが根付いたキュートな町

Matakana マタカナ

ACCESS 🚗 オークランドからレンタカーで
約1時間（公共交通機関はない）

1

1. ニュージーランドのオーガニックシーンをリードするかわいいタウン。／**2.** 車で10分ほどのオマハ・ビーチは、サーフスポットでもある。／**3.** 毎週大にぎわいのファーマーズ・マーケット。／**4.** マタカナの中心部にある、地元の美大生がデザインした個性的な公衆トイレ。／**5.** 臭みがなく、クリーミーなマタカナ名物のオイスター。1ダース＄20〜。

2

3

4

ナチュラルなライフスタイルが魅力のマタカナへはオークランドから車で北へ約1時間。毎週土曜に開催されるファーマーズ・マーケット（P.65参照）が大人気で、おいしいパクつきグルメや地元産食材のベンダーが並び、ミュージシャンも登場して活気があります。マーケットは8〜13時なので早めに到着して朝食と買い物を楽しみましょう。周辺にはワイナリーやブリュワリーがあり、「こんな田舎にこんなところが！？」と驚くほどスタイリッシュ。町の中心部から車で数分のマタカナ・オイスターも必訪です。マーケットにも出店していますが、冬はこの店だけで販売されるオイスターのスープ＄7.50が最高。夏はオマハ・ビーチや、野鳥保護区のタファラヌイ自然公園（P.38）へ足をのばすのもおすすめ。

Matakana Oysters（マタカナ・オイスター）
1217 Leigh Rd., Matakana
☎(09)422-6313／🌐 matakanaoysters.co.nz
⊘10:00〜17:00、無休（季節、天候により変動あり）
MAP♥P.11 C-4

ワイナリーめぐりやビーチホッピングを

Waiheke Island
ワイヘキ島

ACCESS

🚢 「フラーズ360」社のフェリーが早朝6:00(オークランド発、土曜7:00、日曜8:00)〜深夜24:30(ワイヘキ島発、日曜23:00)まで30分〜1時間間隔で運航。ほかに便数は少ないが割安な「アイランド・ディレクト」社のフェリーもある。所要約40〜45分／片道大人$29.50、子ども(5〜15歳)$13(フラーズ360社の運賃)／🌐 fullers.co.nz(フラーズ360社)／🌐 islanddirect.co.nz(アイランド・ディレクト)

◎島内の路線バスはフェリーの発着に合わせ、フェリー乗り場から5ルート運行。運賃は一律大人$2.37、子ども(13〜15歳)$0.62、12歳以下無料、支払いはAT HOPカードのみ
◎フェリー乗り場からレンタカー、レンタルスクーター、レンタル自転車も利用可能。レンタル自転車はフェリー乗り場にある電動バイクレンタルショップ「eライド」が便利でおすすめ。／🌐 eridewaiheke.co.nz
◎観光バス「Explorer Hop-On Hop-Off Bus Tour」の料金は往復のフェリー運賃込みで大人$89、子ども(5〜15歳)$45(30分〜1時間間隔で運行)

1.南国のアイランドリゾート感が漂うオネロアのメインストリート。／**2.**ワイヘキ島屈指のスモールラグジュアリーホテル、デラモア・ロッジのインフィニティプール。フェリー乗り場から近く、無料の送迎サービスもある。／**3.**たくさんのアーティストが暮らす芸術の島でもあり、ギャラリーめぐりも楽しい。／**4.**国際的評価の高いプレミアムワインで知られるストーニーリッジ・ヴィンヤードは必ず訪れたいワイナリーのひとつ。／**5.**島の中央部オネタンギ・バレーに広がるブドウ畑。ジュラ紀の土壌が残り、ワイン造りに適したテロワールを有している。

ADDR

オークランダーが週末に出かける身近なリゾートと言えばここ。ハウラキ湾に浮かぶ面積約92km²（伊豆大島とほぼ同じ）、人口約9,400人の美しい島で、フェリーで約40分なので日帰りもOK。豊かな自然に恵まれ、フェリーから降りた瞬間、「楽園に来た」と感じます。緑を楽しみながらハイキングやサイクリングをしたり、オネロア・ビーチ、パーム・ビーチ、オネタンギ・ビーチなど島内のあちこちにあるキレイなビーチで海水浴やピクニックを楽しめます。オネタンギ・ビーチには海に面した素敵なダイニング、キ・マハがあり、ここで食事をするとバカンス気分が盛り上がります。

カベルネ・ソーヴィニヨンやメルローに定評のある良質なワイン産地でもあり、島内に20か所以上のワイナリーが点在。試飲ができるセラードアやレストラン、宿泊施設を持つところもあり、どこもおしゃれで料理もハイレベル。とくにフランスを思わせるスタイリッシュなタンタラス・エステート（P.48）や、ストーニーリッジ・ヴィンヤードはブドウ畑の絶景を眺めながらレストランで美食を満喫できるおすすめスポット。島内のワイナリーはレンタカーやレンタル自転車、路線バスなどで気軽にまわるのもいいですし、人気ワイナリーへ案内してもらえるツアーや主要な見どころを巡回する乗り降り自由な観光バスツアー「エクスプローラー・ホップオン・ホップオフバス・ツアー」も利用できます。

気候がよいこの島のもうひとつの名産品はオリーブオイル。世界大会で優勝したエクストラ・バージン・オリーブオイルのファーム、オールプレス・オリーブ・グローブスでスタッフから説明を受けながら試食をしつつ、おみやげを探すのがおすすめです。島の魅力を存分に味わいたい人はぜひ宿泊を。高台に立つ豪華ホテルのデラモア・ロッジは設備の豪華さはもちろん、きめ細やかなサービスと専属シェフによる料理にも定評があります。

7.オーガニックや環境に配慮したアイテムを扱うスタイリッシュな店が多い。／8.思わず走って飛び込みたくなるほど美しいビーチが点在。

9.オールプレス・オリーブ・グローブスのエクストラバージンオイルは100ml$16〜。代表的な銘柄のティスティングは所要15分で$10。／10.ビーチサイドに立つキ・マハ。ワインやカクテルの種類も豊富。

Stonyridge Vineyard （ストーニーリッジ・ヴィンヤード）
80 Onetangi Rd., Waiheke Island
☎(09)372-8822／🌐 stonyridge.com
🕐11:00〜17:00、無休

Ki Māha （キ・マハ）
1 Fourth Ave., Onetangi Beach, Waiheke Island
☎(09)372-2565／🌐 kimaha.nz
🕐水〜金曜12:00〜21:00、土日曜8:00〜21:00、月火曜休

Delamore Lodge （デラモア・ロッジ）
83 Delamore Dr., Oneroa, Waiheke Island
☎(09)372-7372／🌐 delamorelodge.com
🛏1室$1,445〜（朝食付き）／全6室

Allpress Olive Groves （オールプレス・オリーフ・グローブス）
1 Gordons Rd., Waiheke Island（改装工事のため現在はクローズ。56 Church Bay Rd.の仮店舗で営業中）
☎(09)372-6214／🌐 allpressolivegroves.co.nz
🕐10:00〜15:00、無休

Wellington
ウェリントン

ACCESS
✈ オークランドから国内線で約1時間（1日約15便運航）。ほか、ロトルア、クライストチャーチ、クイーンズタウン、ダニーデンからも国内線が運航され、シドニー、メルボルンなどオーストラリアからの国際線も乗り入れている

カルチャーシーンをリードするクールな首都

　国家の首都としては世界最南端に位置するウェリントンは、国会議事堂や行政機関の本庁舎などが置かれる街中に、ペンギンが出没するほど自然に恵まれたハーバーシティ。モジョ・コーヒーやコーヒー・スプリーム（日本にも進出）など大手ロースタリーが誕生したコーヒーの街としても知られています。

　映画『ロード・オブ・ザ・リング』や『ホビット』シリーズを手がけたピーター・ジャクソン監督のホームタウンで、ハリウッドをもじってウェリウッドと呼ばれる映画産業の中心地でもあり、劇場も多い文化発信地。ジャクソン監督率いる映画制作会社「ウェタ」はこの街を拠点としており、見学ツアーも行われています（P.78）。

　個人的にオークランドなど北島北部はハワイやカリフォルニア、クライストチャーチなど南島はヨーロッパの雰囲気を持っていると感じているのですが、ウェリントンはその中間で、両者が程よく融合したハイブリッドな都市。歴史を感じる風格ある街並みにこの国らしいゆるくて自由なムードが満ち、そんな空気を感じながらカフェめぐりや散策を楽しむのがこの街を訪れる醍醐味だと思います。

1.ウォーターフロントにあるフォトスポット。/2.市街地の近くにある標高196mの丘マウント・ヴィクトリア。山頂の展望台から美しい港町を一望できる。/3.ラムトン・キーにあるオールド・バンク・アーケードは、旧銀行を利用したショッピングセンター。/4.コーヒーの焙煎所やカフェが多く、国内のバリスタチャンピオンも多数輩出している。

市内交通

街の中心部をめぐるなら徒歩でOK。郊外へは約100のバス路線、鉄道5路線、フェリー3ルートをカバーする「メットリンク」(運賃はゾーン制)があり、上手に活用すると行動範囲が広がる(P.168参照)。
◉Metlink(メットリンク) metlink.org.nz

5.映画制作会社ウェタの「ウェタ・ワークショップ」では入り口でトロルが迎える。/6.街中にアートが点在している。写真はテパパ・トレンガレワ(P.109)近くのマックス・パット作「Solace in the Wind」。

🔭 港町の魅力を最大限に満喫できる

Wellington Waterfront
ウェリントン・ウォーターフロント

　ウェリントンは風が強く寒い日が多く、「ウィンディ・ウェリントン」とも呼ばれていますが、その反面天気のよい日は爽快で、「Nothing beats Wellington on a good day（晴天の日のウェリントンに敵う場所はない）」という言葉もあるほど。そんな日はぜひ海沿いの遊歩道を歩いてみてください。景色が素晴らしいだけではなく、途中に博物館やカフェ、カヤックレンタルなどがあり、1日たっぷり遊べます。

1. クイーンズ埠頭からオリエンタル・ベイまで約2km続く気持ちの良い遊歩道。／**2.** オリエンタル・ベイの沖合には噴水がある。／**3.** カヤックで海から街を眺めるのも楽しい。

Wellington Museum（ウェリントン博物館）
3 Jervois Quay, Queens Wharf, Wellington／☎ (04)472-8904
🌐 museumswellington.org.nz／⏰10:00～17:00、無休／💲無料／MAP📍P.12 B-2
◎建物は1892年に建てられたかつての保税倉庫。
　3階にマオリの伝説を紹介するホログラムシアターあり。

Fergs On the Water（ファーグス・オンザ・ウォーター）
Shed 6, Queens Wharf, Wellington
☎ (04)499-8898／🌐 fergskayaks.co.nz
⏰11:00（水曜7:00）～22:00、
　土・日曜10:00～18:00（季節変動あり）、無休
💲カヤックレンタル1時間$28～、SUPレンタル1時間$28～、
　ボルダリング$20ほか／MAP📍P.12 B-2

🔭 街と海に映える真っ赤な車体

Wellington Cable Car
ウェリントン・ケーブルカー

　ビジネス街のラムトン・キーと高台のケルバーンを結ぶ、120年以上の歴史あるウェリントンのシンボル。急坂のため市民の足としても活躍しています。終点のケルバーン駅には展望台があり、晴れた日は眺望が最高。無料のケーブルカー博物館、ウェリントン植物園など観光スポットも多いので上りはケーブルカー、下りはのんびり散策しながら街へ戻るのがおすすめ。

4. ケルバーン駅のすぐそばの植物園は、春はチューリップの名所として知られる。／**5.** 高低差120m、距離612mをおよそ5分で結ぶケーブルカー。駅は5つある。

Cable Car Lane, 280 Lambton Quay, Wellington
⏰7:30（土日曜8:30）～20:00（金土曜21:00、日曜19:00）、無休（運行は10分間隔）
💲片道＝大人$6、子ども（5～15歳）$3（往復$11、$5.50）、5歳未満無料
MAP📍P.12 B-1

🏛 五感を刺激する体験型博物館

Museum of New Zealand Te Papa Tongarewa

ニュージーランド国立博物館テパパ・トンガレワ

1.ミュージアムショップではニュージーランドみやげも揃う。/**2.**4階にあるマオリ族のマラエ（集会所）。庇の上にいるのは太陽を捕まえているマウイ神。/**3.**体験型の展示が多く、英語が得意でなくてもわかりやすい。

ニュージーランド唯一の国立博物館。6フロアの広い館内にこの国の歴史、自然、芸術などが総合的に紹介され、じっくり見学するには半日以上必要です。ゲームや3Dアニメーション、地震の疑似体験などインタラクティブな展示が充実。港が望めるカフェやセンスのよいギフトが見つかるミュージアムショップもぜひ立ち寄りたいところ。雨の日の観光にもおすすめです。

55 Cable St., Wellington
☎(04)381-7000／🖥 tepapa.govt.nz
🕙10:00〜18:00、無休
💲入場無料、企画展、ガイドツアー
（1時間大人$20、5〜15歳$10ほか）は有料
MAP📍P.12 B-2

🏛 政治の中枢部で大人の社会科見学

The Parliament Buildings

ビーハイブと国会議事堂

開放的なお国柄のためか国会議事堂は政府最高機関とは思えないオープンな雰囲気で、ガイドツアーに参加すると内部を見学できます（約1時間〜、無料）。著名なアーティスト、ジョン・ドローブリッジによる壁画が飾られたバンケットルームや国会図書館、美しい中庭にも入れ、見応えたっぷり。ユニークな外観からビーハイブ（ハチの巣）と呼ばれているのは閣僚の執務棟。

Molesworth St., Wellington／☎(04)817-9503／🖥 parliament.nz
ビジターセンター⊙9:30〜17:00、無休／MAP📍P.12 A-1
◎見学ツアー（毎日10:00、12:00、15:00出発）の参加、および国会の傍聴はメールで事前予約（当日空きがあれば入れる場合もあり）
◎短パンやサンダル、帽子は禁止

4.イギリスの建築家バジル・スペンサー卿設計の執務棟。1969年に着工、1981年に完成した。/**5.**議場、議長室、議員室などがあるパーラメント・ハウス（国会議事堂）。

© Michal Klajban

🛍️ ☕ こだわりが詰まった上質チョコレート

Wellington Chocolate Factory
ウェリントン・チョコレート・ファクトリー

カカオ豆の仕入れから焙煎、チョコレート製造まで一貫して行うビーントゥバーの工房兼ショップ。ニュージーランドで唯一オーガニック認定を受けたチョコレートバーをフレーバーも多彩に揃え、製造過程を眺めながらショッピングが楽しめます。カカオは最高級品質のモノを世界各地からセレクト。ドミニカ共和国やペルーのほか、フィジー、サモアなど南太平洋の近隣諸国産が多いのはこの国ならでは。パッケージはアーティスティックで美しく、試食もOK。ホットチョコレートやコーヒー、軽食などの注文ができるのでカフェとしても利用できます。チョコレートづくりの舞台裏を見たり、チョコレートづくりに挑戦したりしたい人は、ぜひ工房見学ツアーに参加を！

1.カカオ含有率やフレーバーが異なるチョコレートバー各$11〜とミルクチョコレートでコーティングしたヘーゼルナッツ150ｇ$13.50。季節ごとに限定商品も登場。/2.話題のショップやカフェが集まるエヴァ・ストリートにある居心地のよい店。/3.カカオニブをたっぷりトッピングしたホットチョコレート$6.50〜。/4.ローストしたカカオ豆を仕分け。すべての工程が職人によりていねいに行われている。/5.エントランスにもアートが！

5 Eva St., Te Aro, Wellington
☎(04)385-7555／🌐 wcf.co.nz／⏰10:00〜16:00、月曜休
⊙工房見学ツアーは要予約。開催日時はウェブサイトで確認を。所要1時間30分、$60。(参加は12歳以上のみ)
MAP📍P.12 C-2

🛍 地元アーティストの才能と出会える

Cre8iveworx
クリエイティブワークス

個性的な店が並ぶキューバ・ストリートにあるキュートなギフトショップ。ホームウエアからアクセサリー、コスメ、ステーショナリー、アパレルまで幅広いアイテムを扱い、ニュージーランドのデザイナーとアーティストが手がけた秀逸な作品ばかり。一点モノも多く、ほかにはないラインナップが魅力。おみやげや自用に、宝探し感覚でじっくり物色するのが楽しい店です。

217 Cuba St., Te Aro, Wellington
☎(04)384-2212／🌐 cre8iveworx.co.nz
🕙10:00〜18:00(日曜17:00)、無休
MAP📍P.12 C-1

1.トップス$99〜、ワンピース$170〜など、地元デザイナーによるアパレルも並ぶ。／**2.**クリスマスツリーに飾るほか、チャームにもおすすめの手づくりオーナメント各$25程度。／**3.**ニュージーランドらしいクラフトの宝庫。ハンドメイドのアイテムも多い。／**4.**ユニークな靴下をおみやげにいかが?

🛍 クリニックも備えた自然派コスメ店

Wellington Apothecary
ウェリントン・アポセケリー

マオリに伝わるハーブなど、植物を主原料としたオリジナルの自然派コスメ専門店。エッセンシャルオイルや香水、ハーブティー、アロマキャンドルなどを扱い、どれも天然由来なので安心して使用できます。ホリスティックケアとアーユルヴェーダのクリニックを併設しており、施術を受けることも可能。自分好みの香水やハーブティーがつくれるワークショップも開催しています。

110A Cuba St., Te Aro, Wellington
☎(04)801-8777／🌐 wellingtonapothecary.co.nz
🕙10:00〜17:00、日曜11:00〜16:00、無休
MAP📍P12 C-1

5.左からフェイシャルオイル$79、フェイスセラム$49、強い紫外線と潮風から肌を守るスキンバーム$39。／**6.**緑が配された癒し空間でのんびりショッピングしよう。／**7.**にぎやかなキューバ・ストリートにある。

1

☕ 薫り高い秀逸コーヒーを飲みくらべ

The Hangar
ザ・ハンガー

2

3

コーヒーの街・ウェリントンでもっとも人気の高い有名店。地元ロースタリー「フライト・コーヒー」の直営で、エスプレッソ、ハンドドリップ、コールドブリューなど多彩なコーヒーメニューを提供。豆の異なる3種類のフラットホワイトを味わえる「フライト・オブ・フラットホワイト」、エスプレッソ、コールドドリップ、フラットホワイトの3つがセットになった「コーヒー3ウェイズ」など、ユニークなコーヒーのテイスティングメニューが評判です。季節の食材を使ったカフェフードも充実。

2017年には、コロンビアのコーヒー農園にサステナブル農法を広めるためのエコロッジをオープンし、すべての工程を一貫して行う「シードトゥカップ」を実践中。コーヒーへの情熱を感じる名店は訪れる価値ありです。

1.旬の食材を使い、店内のキッチンでつくる料理も好評。朝食やランチにも利用したい。／2.モチッとした食感のイタリアンブレッドチャバタに韓国風ポークベリーとポーチドエッグをのせた変わり種のベネディクト$25.50。フードメニューは$20前後。／3.テーブル席のほか、おひとりさまにも使いやすいカウンター席も。

4

5

4.コーヒー好きならぜひ試したい「コーヒー3ウェイズ」$19。／5.コールドブリュー、サマーブラウン（アイスフラットホワイト）などアイスコーヒーは各$5.50〜。

119 Dixon St., Te Aro, Wellington／☎ (027)535-0084／🌐 hangarcafe.co.nz
🕐 7:00〜14:00(土日曜15:00)、無休／MAP📍P.12 B-1

☕ 自家製アーモンドクロワッサンは必食

Goods Cafe

グッズ・カフェ

店内で焼くパンがおいしい、植物園の近くにあるベーカリーカフェ。ニュージーランドには手づくり感がある店が多く、こちらでもオーナーの自宅で採れたレモンを使うなど家庭的なあたたかみがいっぱい。サクサクのパンはどれも絶品でコーヒーともよく合います。平日はペストリーやキッシュ、パイがメインで、週末にはホールミールブレッドのサンドイッチが登場。

1.木のぬくもりを感じるしっとり落ち着いたムードの店。／2.おすすめのアーモンドクロワッサン$8。パイ$9〜やデニッシュ$6.20〜もおいしい。／3.ウェリントン生まれの自然派ホットソース「アポストル」各$14〜など地元産アイテムも扱う。

342A Tinakori Rd., Wellington
☎(04)473-4151／🌐 goodswellington.com
🕐7:30(土曜8:00)〜14:00、日〜火曜休
MAP📍P.12 A-1

🍵 バリスタチャンピオンの凄腕に感動

Frank's フランクス

国内のほか、世界各地の最上級コーヒー豆を仕入れて自家焙煎。その日の天気や湿度を考慮して淹れ方を変えるこだわり店。バリスタ全国大会で優勝経験を持ち、現在は審査員を務めるフランクさんがオーナーを務めています。温度によってコーヒーの味が変わるなど新しい発見が楽しめる土曜限定のポアオーバー(ハンドドリップ)もおすすめ。

4.ポアオーバー$9.50〜。コーヒーの重さやお湯を注ぐ時間を測りながら淹れる繊密さがこだわりポイント。／5.2階席にはテラスがあり、シティビューが楽しめる。

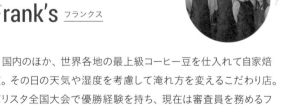

116 The Terrace, Wellington
☎(04)499-3679／🌐 frankscoffee.nz/
🕐7:00〜15:00、土曜8:00〜13:00、日曜休
MAP📍P.12 A-1
🏠ニュータウン店(MAP📍P.11 A-4)あり

✗ 著名なシェフが極上の肉料理をサーブ

Boulcott Street Bistro
ボウルコット・ストリート・ビストロ

有名シェフ、レックス・モーガン氏のレストランで、1991年から続く老舗。1870年代に建てられたゴシックスタイルのコテージを利用し、店内にワインバーも併設しています。旬の地元産素材を使い、フレンチの手法で生み出すモダンニュージーランド料理はどれも繊細で心に沁みる味わい。ファインダイニングの部類に入りますが、雰囲気はカジュアル。肉料理が自慢で、ランチには300gのTボーンステーキが$25とお得。サイドにサラダも付き、ソースはマッシュルーム＆ブランデー、スモークド・ボーンマロー（牛骨髄）バター、グリーンペッパーコーンの3種類から選べます。ディナーに出かけるなら前菜、メイン、デザートの3コースセット$95が満足感が高くておすすめ！

1.オフィス街に佇む優美な一軒家レストラン。特別な日や旅のラストディナーにもピッタリ！／**2.**熟成ビーフフィレ、赤ワインで煮込んだラムシャンクなどディナーのメインは$42〜。／**3.**エレガントな店内。フレンドリーかつスマートなサービスにも定評がある。／**4.**TVのグルメ番組でも活躍するスターシェフ、レックス・モーガン氏。

99 Boulcott St., Wellington
☎ (04)499-4199
boulcottstreetbistro.co.nz
🕐 12:00〜14:30、
　17:30〜22:30、日曜休
⊗ 土曜はランチ休み
MAP 📍 P.12 B-1

🍴 個性が際立つ屋台風グルメバーガー

Ekim Burgers
エキム・バーガー

ファンキーなアートが描かれたワゴンと半オープンエアのイートインスペースが異彩を放つ名物バーガー店。イーサン、ベッキーなど人名が付けられたバーガーはビーフパテがずっしり肉厚でジューシー。＄10〜と比較的手頃で、ランチやディナータイムは常連客でにぎわいます。特製エキムソースがおいしさの秘密とか。お腹に余裕があれば厚切りポテトのフライもぜひお試しを。

1.スタンダードなエキムバーガー＄10は肉厚パテがジューシー。／**2.**ペイントしたドラム缶や石のテーブルなどDIY感がクール。

257 Cuba St., Wellington
🕐11:30〜20:00(土曜21:00)／MAP📍P.12 C-1

🍺 造りたてのビールが楽しめるパブ

Aro Tap Room
アロ・タップルーム

ウェリントンを拠点とするブリュワリー、ガレージ・プロジェクト (P.55) 直営パブ。すぐ近くの醸造所で造られた18種類の生ビールが楽しめる、ビール党にはたまらないスポットです。サイズは150ml、285ml、440mlから選べ、4種類選んで試せるテイスティング・フライトも人気。スタッフは全員シセロン（ビールソムリエ）の資格を取得しており、ビールについて詳しく解説してくれます。

3.440mlサイズの生ビールは$11〜16、ポテトチップス$7.5とキーウイ・オニオンディップ$5。／**4.**個性豊かなビールがずらり。注文前に試飲もできる。／**5.**スタッフはシセロン（ビールソムリエ）有資格者

91 Aro St., Te Aro, Wellington／☎(04)801-8076
🌐garageproject.co.nz/locations/aro-taproom
🕐15:00(土曜12:00)〜22:00、日曜12:00〜20:00、月曜休
MAP📍P.12 C-1

🛏 繁華街でおしゃれなステイを

Naumi Wellington
ナウミ・ウェリントン

外観はシンプルですが、なかに入るとビビッドな色づかいが印象的でスタイリッシュ。ツインルームにもクイーンサイズのベッドが2つ置かれ、枕も数種類から好みのものが選べるため、ゆったりと眠りについて旅の疲れを癒せます。各部屋のフラットスクリーンTVではNetflixが見られ、ミニバーのソフトドリンクが無料なのもうれしいポイント。繁華街のキューバ・ストリートに近く、夜遊びにも便利なロケーションです。

1.遊び心を感じる色づかいがおしゃれな客室。スリッパやバスローブが備わった部屋も。/**2.**公共スペースのインテリアも個性的。/**3.**カラフルなソファが配されたロビー。

10 Dunlop Terrace, Wellington
☎(04)913-1800/🌐 naumihotels.com/naumi-hotel-wellington
🛏 1室$255〜（朝食別）／全62室／MAP📍P.12 C-1

🛏 アートに彩られたデザインホテル

QT Wellington
キュー・ティー・ウェリントン

4

「アート、デザイン、好奇心、ほんの少しのばかばかしさ」がコンセプト。クリエイティビティあふれる都市ウェリントンを象徴するようなホテルで、外観はシックなブラックの壁にカラフルな壁画がアクセント、なかに入るとオブジェや絵画に圧倒されます。客室にもモダンアートが描かれ、ベッドサイドのランプといった調度品も個性的で、まるで美術館に宿泊している気分に。国立博物館のすぐ近くで立地も便利です。

90 Cable St., Wellington／☎(04)802-8900
🌐 qthotelsandresorts.com/wellington
🛏 1室$259〜（朝食別）／全180室
MAP📍P.12 C-2

4.客室の壁にもアートが描かれ、泊まるだけで感性が磨かれそう！/**5.**ユニークな壁画が目を引くホテルの外観。観光に便利なロケーションも魅力。/**6.**ロビーは落ち着いたダークブラウンのインテリアがインパクトのある個性派アートを際立てる。

差別の少ないオープンマインドな国

ゆるい雰囲気が魅力のニュージーランド。寛容な人々が多く、個人を尊重する文化が根付いているため、先進国のなかでも差別が少ない国のひとつです。その背景には古くから革新的な政策を行なったり、少数派の意見を取り入れてきた歴史があります。

例えば1893年に世界ではじめて女性の参政権を認めたこと。1995年に史上初の性転換をした女性市長が誕生したこと。1998年に国内のビジネスおよび宿泊施設において世界初の「ゲイ/レズビアン・フレンドリー」レーベルを掲げたこと。2004年に同性カップルが夫婦に準じる権利「シビルユニオン法」が可決され、2013年には同性婚法が成立・施行されたことなど。

毎年2月にはオークランドでLGBTQ（セクシャルマイノリティの総称）の祭典「プライド・フェスティバル」が、8月下旬〜9月上旬にはクイーンズタウンで「ウインター・プライド」が開催され、それぞれ大いに盛り上がります。どちらも年齢・性別等に関係なく、誰でも参加して楽しめるイベントが多数行われるので、時期が合えば出かけてみては？ ニュージーランドに流れるのびのびした自由な空気を感じられるはずです。

Auckland Pride Festival（オークランド・プライド・フェスティバル）
🌐 aucklandpride.org.nz

Winter Pride Queenstown
（ウインター・プライド・クイーンズタウン）
🌐 winterpride.co.nz

1.数々のイベントが行われるオークランドの夏の風物詩「プライド・フェスティバル」。／**2.**プライド・フェスティバルのイベントに登場したドラァグクイーン。／**3.**プライド・フェスティバルのメインイベントは、ポンソンビー・ロードで行われるパレード。

Rotorua
ロトルア

ACCESS

オークランドから国内線で約45分（1日約1便
運航）、長距離バスで約4時間（1日約4本運
行、$47〜）。ほか、ウェリントン、クライストチャ
ーチからも国内線が運航されている。

2 © Destination Rotorua

3 © Destination Rotorua

#LOVET

北島で2番目に大きいロトルア湖。湖畔に公園が広がり、散歩やピクニックが楽しめる。

黒鳥など水鳥が多く生息しているね。

野外アクティビティと
マオリ文化を満喫できる温泉街

　北島中央部に位置するロトルアは、世界でもめずらしい大地熱地帯で、間欠泉や鉱泥泉といったほかにはない自然景観が見られます。湖、川、鬱蒼とした原生林に恵まれ、トレッキング、マウンテンバイク、ラフティング、釣りなどさまざまなアウトドアアクティビティの宝庫です。

　大自然のなかで存分に遊んだ後は、温泉で身体を癒すことができるのもロトルアならでは。ロトルアの温泉は硫黄成分を含み、代謝を促進して美肌に効くと評判です。実際、ロトルアで温泉に入ると身体が芯からあたたまり、翌日の肌ツヤも上がる気がします。

　ロトルアを訪れるもうひとつの魅力はマオリ文化に深く触れられること。古くからマオリの人々が暮らしてきた土地柄、マオリ村などゆかりの場所が多く、あちこちでマオリのコンサートも開催されています。

　毎週木曜17〜21時頃に開催されるナイトマーケットもロトルアの名物。目抜き通りのツタネカイ・ストリートに多彩なフード屋台が集まり、食べ歩きが楽しめます。

市内交通
見どころが点在しているのでレンタカーが便利。空港から市内へのアクセスや近隣の主要観光スポットへ行く場合は12路線ある市バス「ベイ・バス」も利用できる（P.168参照）。
◉Bay Bus（ベイ・バス）baybus.co.nz

1.大地熱帯にあるためユニークな景観が見られる。写真はテ・プイア（P.72）。／**2.**1890年代に造られた庭園「ガバメント・ガーデン」のフェンスにもマオリのモチーフが。／**3.**ロトルア名物のナイトマーケット。夏は21時頃まで明るい。／**4.**ロトルアから車で約1時間の距離にある国内最大の湖、タウポ湖。／**5.**街の中心部にある観光案内所i-SITE。長距離バスもここから発着する。

1

🔭 カラフルで神秘的な大地熱地帯

Wai-O-Tapu Thermal Wonderland

ワイオタプ・サーマル・ワンダーランド

2

ロトルアには見学できる地熱地帯がいくつも存在しますが、どこへ行くか迷ったらここへ。園内に所要45分〜1時間30分の散策コース3つがあり、荒涼とした大地やさまざまな温泉池が見られ、色彩が豊かなことが大きな特徴です。硫黄（黄色）、アンチモン（オレンジ）、ヒ素（緑）、マンガン（紫）など多様な物質が混ざり合い、カラフルな池になるのだとか。

必見はシャンパンプール。約900年前の熱水噴出によって出現し、水温72〜75℃、深さは65mもあります。その名の通り炭酸ガスの泡がシャンパンのようで、引き込まれそうなほどの美しさですが、金・銀・水銀・硫黄・ヒ素などが含まれ、危険なので近づきすぎないように注意を。地熱公園から約1.5kmの場所にあるレディ・ノックス間欠泉も必見です。

3

1.安全のため、一定の距離をとって見学を。／**2.**シャンパンプールは天然とは思えないあざやかな色の温泉池。／**3.**高さ20mまで温水を噴き上げるレディ・ノックス間欠泉。ショーは1日1回のみなのでお見逃しなく。

201 Waiotapu Loop Rd., RD3, Rotorua
☎(07)3666-333／🌐 waiotapu.co.nz
🕐8:30〜16:30（最終入場15:30）、無休
💲大人$32.50、子ども（5〜15歳）$11
（園内での支払いは現金不可）
◎レディ・ノックス間欠泉のショー
（上記料金に込み）は毎日10:15〜、
所要約10分
🚌 ロトルアi-SITE発着のシャトルあり
（1日1本運行／入場料込み往復$110、i-SITEにて要予約）、
ロトルアから車で約30分
MAP📍P.13 C-2

水位や風向きによって池の色が変わるユニークなクレーター「アーティスト・パレット」。

🧗 原生林でアドベンチャー体験

Rotorua Canopy Tours

ロトルア・キャノピー・ツアーズ

慣れるとドキドキ。慣れると余裕の笑顔！

1.原生林を体感できるようコースが張りめぐらされている。／**2.**勢いをつけてすべり下りると意外とスピードが出てスリリング！／**3.**木と木の間に架けられた長い吊り橋を歩くとアドベンチャー気分が盛り上がる。／**4.**途中に撮影タイムも。

木と木の間に張られたワイヤーロープを滑車ですべり降りるジップラインを、原生林で体験できるのはニュージーランドでもここだけ。ガイドと一緒に森を歩き、自然を守る取り組みや森の生態系など、環境についても学べることが特徴です。

木の上に設けられたプラットホームは18〜22mの高さですが、緑が茂っていて地面が見えないため高度は感じず、足がすくむような怖さはありません。ツアー中、6本のジップラインを体験でき、オリジナルコース（所要約3時間）では最長220m、2018年に新設されたアルティメットコース（所要約3時間30分）では400mのタンデムラインも。風を切り、鬱蒼とした森を眺めながらターザン気分が楽しめて爽快です。ツアー中は手ぶらが原則なので、カメラやスマホが入るポケット付きの上着を着用しましょう。

147 Fairy Springs Rd., Rotorua
☎(07)343-1001、0800-226679(国内通話料無料)
🌐 canopytours.co.nz
💲 大人 $179〜、子ども（6〜15歳）$149〜
※6歳以上、体重120kg以下のみ参加可能
MAP📍P.13 D-1

🔭 究極の森林浴でリフレッシュ

Redwoods Whakarewarewa Forest

レッドウッズ・ファカレワレワ・フォレスト

セコイア杉（レッドウッド）が茂る面積5,600ヘクタール以上の森林公園。中心部から車で約10分とアクセスもよく、気軽にハイキングやマウンテンバイクが楽しめます。妖精が出現しそうなどこか神々しい雰囲気で、歩いていると自分が浄化されるかのよう。樹齢100年以上の木々に架けられた空中トレイルを歩くツリーウォークでは、鳥の目線で森林浴を満喫できます。夜はライトアップされて幻想的。

地上9〜20mに架けられたツリーウォークは全長700mで28の吊り橋がある。

1. 緑が美しく、清々しいハイキングコース。／2. 夜のツリーウォークは著名デザイナーが手がけた30個のランタンに明かりが灯る。

1 Long Mile Rd., Rotorua
☎ (07)348-5179（レッドウッド観光案内所i-SITE）／🌐 redwoods.co.nz
🕐 レッドウッド観光案内所i-SITE 8:30〜17:00（季節により変動あり）／💲無料
🕐 ツリーウォーク ⏰ 9:00〜23:30（最終入場22:00）
💲 大人$39、子ども（5〜15歳）$24、4歳以下は無料
🌐 treewalk.co.nz／MAP 📍P.13 D-1

🔭 小旅行で出かけたい隣町

Huka Falls & Taupo

フカ・フォールズ＆タウポ

狭い峡谷からミルキーブルーの水があふれるように流れ出るフカ・フォールズ。

国内最大の湖・タウポ湖（P.118右下写真）のほとりに開けたリゾートタウン。ロトルア同様、地熱地帯で温泉があり、アウトドアも盛んです。おすすめはタウポ湖から流れ出すワイカト川にあるフカ・フォールズ。落差は11mですが、毎秒22万ℓもの水が流れ落ちるさまは壮観。展望台から眺めるほか、ジェットボートやクルーズで近くまでアクセスできます。

Off SH1, Taupo／🌐 hukafalls.com／MAP 📍P.13 D-2
🚢 Huka Falls Jet（ジェットボート）
200 Keretoto Rd., Wairakei Tourist Park, Taupo
☎ (07)374-8572／🌐 hukafallsjet.com／所要30分
💲 大人$139、子ども（15歳以下）$95 ※条件：身長1m以上
🚢 Huka Falls River Cruise（リバークルーズ）
630 Aratiatia Rd., Taupo／☎ (027)2490-204
🌐 hukafallscruise.co.nz／所要1時間20分
💲 大人$45、子ども（5〜15歳）$15、4歳以下は無料

滝の間近でダイナミックな激流クルーズが楽しめるフカ・ジェットは人気のアクティビティ。

🛍 硫黄の町の手作り石鹸工場

Sulphur City Soapery
サルファ・シティ・ソーパリー

1.石鹸をメインにバス用品や
アロマテラピーグッズも扱う。
／2.種類豊富な手作りソープ
は1個$8程度。ペット用の
シャンプーバーもある。／
3.ショップやレストランが集
まるツタネカイ通りにある。

　店内で手づくりされた種類豊富な自然派ソープとボディケアアイテムが並ぶ専門店。肌にやさしい素材を使用し、店名にもなっている「硫黄の町」らしく、湯の華の一種であるシリカや、ミネラルたっぷりな天然泥を含んだ石鹸も。アロマテラピー効果が期待できるソイワックスメルトもおすすめです。

1/1252 Tutanekai St., Rotorua
☎(022)671-2899／🌐 sulphurcitysoapery.co.nz
🕙10:00〜17:00（土日曜15:00）、月曜休
MAP📍P.13 B-1

☕ロトルアの朝食はここでキマリ

Lime Cafe
ライム・カフェ

　ロトルアのベストカフェに何度も選ばれている名店。モダンな店内は常連客や旅行者でにぎわい、週末は満席で予約なしでは待つことも。人気はライスプディングをアレンジしたバニラリゾット$16.50やベーコン、サーモン、ポートベロマッシュルーム&ほうれん草から具材が選べるエッグベネディクト$26〜など。ビーガンやグルテンフリーのメニューも多く、健康志向の人からも支持されています。

1096 Whakaue St., Rotorua
☎(07)350-2033／🌐 limecafe.co.nz/
🕙7:30〜15:00、無休／MAP📍P.13 A-2

4.白を基調にしたシンプルでおしゃれなカフェ。いつ訪れても活気がある。／5.ポテトロスティの上にグリルしたポートベロマッシュルームとほうれん草がのったエッグベネディクト。

Okere Falls Store
オケレ・フォールズ・ストア

　ラフティングのメッカであるオケレ・フォールズの近くにあるエコフレンドリーなカフェ。地元産とオーガニックにこだわった料理を提供し、ベジタリアンやヴィーガンのメニューも多数。天気のよい日は心地よいテラスや裏庭の席がおすすめです。クラフトビールの扱いが多いことも特徴。14種類の生ビールと200種類以上の缶またはボトルビールが楽しめます。

757a State Hwy. 33, Okere Falls, Rotorua
☎(07)3624-944／🌐 okerefallsstore.co.nz
🕐7:00～15:00(金曜20:00、土日曜16:00)、無休
MAP📍P.13 C-1

1.使用済みテイクアウト用カップに植物の苗を植え、鉢として再利用するエコアイディア。／**2.**1950年代のカントリーストアをイメージしたレトロでポップな店。／**3.**旅行中の野菜不足も解消できる。朝食は1日中注文でき、1品$15～。金曜にはバーガーナイトを開催。

Eat Streat
イート・ストリート

　ステーキハウスからインド料理まで個性豊かな14店が軒を連ねるレストラン街。車両は通行禁止なのでゆったり歩け、アーケードになっているので天候にも左右されません。ランチやディナー、1杯飲みたい時など、ここへ来れば何かしら見つかるはず。おすすめは熱した石の上で好みの具材を焼くストーングリル料理$33.50～が名物の「CBK」とクラフトビールの品揃えが秀逸な「ブリュー」。

Tutanekai St., Rotorua
🌐 rotoruanz.com/eat-drink/eat-streat
◎営業時間は店舗により異なる／MAP📍P.13 B-1

4.多彩なクラフトビールをタップで揃えたビール好き必訪の「ブリュー」。料理はバーガー、ピザなどビールに合うものが中心で、1品$30前後。☎(07)346-0976　🌐 brewpub.co.nz 🕐16:00(金土12:00)～深夜、無休／**5.**ボリューミーな肉料理が充実し、ガッツリ食べたい人におすすめしたい「CBK」。☎(07)347-2700　🌐 cbk.nz 🕐9:00～23:00(火日曜21:00)、無休

🍴 エレガントに食事したいときはここへ

Duke's Restaurant & Bar
デュークス・レストラン＆バー

　クラシックなインテリアがステキなダイニング。1901年に当時のイギリス皇太子ジョージ5世夫妻が宿泊したこともある由緒あるホテル内に位置し、朝食からランチ、ハイティー、ディナーまで1日中営業していて便利です。伝統的なニュージーランド料理をメインに、アジア風メニューも揃えていることが特徴。高級ホテルにしては比較的手頃な価格帯も魅力で、毎日16〜18時にハッピーアワーも行われています。

Prince's Gate Hotel, 1057 Arawa St., Rotorua
☎(07)348-1179／🌐 princesgate.co.nz/dine
🕐7:00〜21:00、無休／MAP📍P.13 B-2

1. 創業から100年以上、地元住民にも旅行者にも愛される店。朝からオープンしているのも便利。/**2.** エビがたっぷり入った魚介のスープなどディナーの前菜は$20前後。/**3.** ソースの種類やサイドが選べるビーフアイフィレ$50。肉料理に定評がある。

🍾 山の上でワインテイスティング

Volcanic Hills Winery and Tasting Room
ヴォルケニック・ヒルズ・ワイナリー・アンド・テイスティング・ルーム

　ゴンドラでアクセスするノンゴタハ山頂にあるユニークなワイナリー。マーティンボロー、ホークス・ベイ、セントラル・オタゴなど名産地から取り寄せたブドウを使い、ピノ・ノワール、ソーヴィニョン・ブラン、シラーなど良質のワインが造られています。$15〜でワインテイスティングが楽しめるほか、グラスワインやおつまみもオーダーでき、ワインバーとして利用するのも◎。

176 Fairy Springs Rd., Rotorua
☎(07)282-2018／🌐 volcanichills.co.nz
🕐11:00〜18:00(L.O.17:30)、無休／MAP📍P.13 D-1
🚡ゴンドラ(スカイライン)乗り場へは観光案内所i-SITEから約5km(ベイ・バス1番で約5分)／ゴンドラ乗車料は往復大人$40、子ども(6〜14歳)$26／🌐 skyline.nz/en/rotorua

4. ロトルアの街を見下ろす標高487mのノンゴタハ山にある異色のワイナリー。/**5.** ワインテイスティングは3種$15、5種$20。スカイラインのウェブサイトから事前予約するとゴンドラ乗車料と5種のテイスティングがセットで$55とお得。

🛏 大地熱地帯に隣接した眺めのよいB&B

Geyser Lookout BnB
ガイザー・ルックアウトB&B

1. 地表から上がる湯気や間欠泉が望め、大地熱地帯にいることを実感できる宿。／**2.** 地元の一般家庭に滞在している気分が味わえ、ホストとの交流も楽しい。／**3.** 眺めのよいベランダでのんびり過ごせる。別料金で夕食のオーダーも可能。ホストが飼っている猫とも触れ合える。

テ・プイア（P.72）が位置するファカレワレワの森の正面に位置し、バルコニーからガイザー（間欠泉）が望めるB&B。アットホームで手頃な宿をお探しの人におすすめです。市街地から少し離れているのでレンタカーがあると便利。コンチネンタルブレックファストは含まれていますが、＋$20〜で卵料理などを追加することも可能。すぐ隣に公園もあり、のんびり過ごすのに最適です。

17 Kerswell Terrace, Tihiotonga, Rotorua／☎(027)552-2044
🌐 geyserlookout.co.nz／🛏 1室$150〜（朝食付き）／3室／MAP📍P.13 D-1

🛏 料理も自慢のデザインホテル

Regent of Rotorua
リージェント・オブ・ロトルア

　街の中心部にある便利なロケーションで、シックでスタイリッシュなインテリアが魅力。2フロアの小さなホテルですがサービスがよく、プールやフィットネス・スペースもあり快適。併設のダイニング「ザ・リージェント・ルーム」はエレガントな空間でモダンニュージーランド料理を提供。プールサイドで食事を楽しむこともでき、宿泊とディナーのセットプランもあります。

1191 Pukaki St., Rotorua
☎(07)348-4079／🌐 regentrotorua.co.nz
🛏 1室$236〜（朝食別）／全35室／MAP📍P.13 B-1

4. 朝食からディナーまで対応し、夜のメインは$45前後。／**5.** 滝の流れるプールは小さいけれどリゾート感満載。パラソルの下でゴロゴロしよう。／**6.** 「アーバンオアシス」がテーマのおしゃれでグラマラスなホテル。

スーパーでおみやげ探し♪

おみやげ探しにもぴったりなスーパーマーケット。
ニュージーランドらしいものを集めてみました！

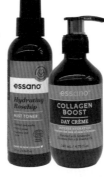

自然派コスメ

食べ物以外で推したいのが手頃なナチュラル・スキンケア・アイテム。スーパーマーケット・コスメブランドのエッサノ（Essano）はオーガニックのローズヒップオイルを配合。デイクリーム140ml/$25.99〜、化粧水120ml/$13.99〜など。

ハチミツ

マヌカハニー500g/$19.99〜、クローバー$5〜、レワレワ$8.39〜などのほかに、レモンやジンジャーを加えたタイプもあり。

チョコレート

酪農大国のニュージーランドは乳製品がおいしく、チョコレートも濃厚で美味。おすすめは1896年創業の老舗メーカー「ウィッタカーズ」。チョコレートバーは250g$6程度。

スプレッド

ジャム、チャツネ、ナッツバターなどスプレッドが充実しているニュージーランド。ピーナッツバター（380g/約$6〜）ではピックス（Pic's）が人気。

ホットソース

北島北部カイタイア産の「カイタイア・ファイアー」は天然素材のみでつくられたチリペッパーソース（148ml/$7.19程度）。

コーヒー＆紅茶

コーヒー・スプリーム（P.58）など主要ブランドのコーヒー豆（200g/$10程度）はスーパーでも購入可能。トワイニングのニュージーランド限定紅茶（80袋入り/$12程度）も要チェック。

ワイン＆ビール

スピリッツなどハードリカーの扱いはありませんが、ワイン（P.46参照）750ml/$8〜とビール（P.53参照）330ml×6缶入り$15〜は専門店並みの品揃え。年齢確認をされることがあるので、念のため写真付きID（パスポートなど）を持参しましょう。

◎主要スーパーマーケット

Woolworths（ウールワース）
🌐 woolworthsnz.co.nz
◎全国展開する大手チェーン。旧カウントダウン。

New World（ニューワールド）
🌐 newworld.co.nz
◎やや割高だが品質の良さに定評のあるスーパー。

Pak'n Save（パックンセーブ）
🌐 paknsave.co.nz
◎国内最安値を謳うディスカウントスーパー。

新しい街づくりが進む
ガーデンシティ

Christchurch
クライストチャーチ

ACCESS

✈ オークランドから国内線で約1時間30分（1日約20便運航）。
ほか、ロトルア、ウェリントン、クイーンズタウン、ダニーデンからも国内線が運航されている

テカポ湖やマウント・クックへの観光拠点でもある南島最大の都市。2011年に発生した大震災からの復興も進み、古きよきイギリス風の街並みを残しながらも、再開発によりおしゃれなスポットが続々と誕生。街が生き返る"エネルギー"を感じられます。

中心部はコンパクトで、北島のオークランドやウェリントンのように坂が多くないため街歩きがしやすいことがポイント。地震で崩れてしまった大聖堂と、その大聖堂が再建されるまでの代わりとして日本人建築家の坂茂氏が設計し、防水ポリウレタンや難燃剤でコーティングされた特殊な紙でつくられたカードボード・カセドラル、面積約21ヘクタールのクライストチャーチ植物園など、徒歩圏内に見どころが満載です。また、山も海も近く、街中から少し離れただけで美しい自然を満喫できます。

クライストチャーチを訪れるなら春から夏がおすすめ。740以上の公園が点在し、緑あふれる街に色とりどりの花々が咲き誇り、感動的な美しさ。ガーデンシティと呼ばれる理由を実感できるでしょう。

1.市内をゆったりと流れるエイボン川。パンティング(イギリス風舟遊び)やカヤックも楽しめる。／2.中心部を走る路面電車トラム。車内で運転手が観光案内のアナウンスをしてくれる。／3.カードボード・カセドラルでは礼拝のほか、コンサートなども行われる。／4.伝統的な街並みのなかにモダンな建築が並ぶ。オタウタヒはクライストチャーチのマオリ語名。

市内交通

市内の移動は市バスのメトロが便利。メトロカード(市バスおよびフェリー専用ICカード)を利用すると25～50%以上割引に。主に観光向けのトラムは1周5kmの環状ルートを約50分で走る(停留所は17)。
○Metro(メトロ) metroinfo.co.nz

5.中心部にあるニュー・リージェント・ストリート。1932年に築かれたレトロでカラフルなスペイン風テラスハウスが並ぶ。／6.中心部から南東に約10kmのサムナー・ビーチ。夏は海水浴客でにぎわう。

🏛 伝統と現代アートが融合した複合施設

The Art Centre

ザ・アート・センター

1. 日曜のマーケットには地元のアーティストの作品や雑貨が多数並び、おみやげ探しにも◎。／**2.** ハリー・ポッターを思わせるイギリス風のクラシックな建築スタイル。

1877年から順番に建てられ、かつてはカンタベリー・カレッジ（現カンタベリー大学）の校舎として使われていた22の建築群。ゴシック・リバイバル様式の重厚な建物で、地震後に修復を経て再オープン。現在は教室部分に、雑貨からアート、アパレル、ジュエリー、ホームウエアなどハイセンスなショップやレストラン、ホテル、映画館などが集結。週末にはマーケットなどイベントも開催されます。

2 Worcester Blvd., Christchurch
☎ (03) 366-0989 ／ 🌐 artscentre.org.nz
⏰ 10:00〜17:00、無休
各店の営業時間は店舗により多少異なる
マーケットは日曜10:00〜16:00（冬季15:00）
MAP 📍P.14 A-1

👀 華やかなローズガーデンは必見

Hagley Park

ハグレー公園

面積165ヘクタールの国内最大級の公園。四季折々の花々が咲き誇り、エイボン川がゆったりと流れる園内をのんびり散歩するのは癒しのひととき。エイボン川ではイギリスの伝統的な舟遊び「パンティング」が体験できます。園内には10以上のガーデンを持つ植物園があり、なかでも約175種類のバラが見られるローズガーデンの美しさは一見の価値あり。春（9月）には桜並木が満開となり、お花見も楽しめます。

3. 大輪のバラが咲き誇る円形のローズガーデン。／**4.** 植物園内にある温室。10〜4月には無料のガイドツアーも開催されている。／**5.** 伝統衣装に身を包んだ船頭が案内するパンティングは約30分／大人\$42、子ども（5〜15歳）\$30。☎ (03) 366-0337 🌐 christchurchattractions.nz/punting

Rolleston Ave., Christchurch ／ ☎ (03) 941-7590（クライストチャーチ植物園）
🌐 ccc.govt.nz/parks-and-gardens/christchurch-botanic-gardens
公園 ⏰ 24時間オープン／植物園 ⏰ 7:00〜18:30、（11〜2月21:00、3・10月20:30）、無休
ビジターセンターとカフェ ⏰ 9:00〜17:00（冬季16:00）、無休
無料ガイドツアー ⏰ 10〜4月13:30〜（所要45分〜1時間）／MAP 📍P.14 A・B-1

🛍 眺望も楽しめるおしゃれな休憩スポット

Tūranga チュランガ

　再建が進む大聖堂の向かいに、2018年にオープンした中央図書館。5階建ての近代的な建物で、さまざまな書籍のほか、街にまつわる歴史的資料も充実。ソファ席が多く、無料Wi-Fiも完備しているので街歩き途中の休憩スポットとしてもおすすめ。望遠デッキからクライストチャーチの街並みを眺めたり、1階のファンデーション・カフェでブランチしたりするのもよいでしょう。

60 Cathedral Square, Christchurch
🌐 my.christchurchcitylibraries.com/turanga
🕐 月〜金曜9:00〜20:00、土日曜10:00〜17:00、無休
MAP📍P.14 A-2

1.デンマークの建築事務所と共同で設計された美しく存在感のある建物。／2.ファンデーション・カフェではサイズや種類が選べる日替わりサラダの盛り合わせがおすすめ。／3.大きな窓から大聖堂が望める。

🛍 こだわりのNZギフトがいっぱい

Frances Nation Home
フランシス・ネイション・ホーム

　ホームウエア、キッチン用品、バスアイテムなどニュージーランドメイドの生活雑貨を揃えたショップ。オーナーのテサさんによるエコでおしゃれなセレクションで、他店ではあまり扱いのない上質アイテムが自慢です。すぐ隣には同経営の食料品店フランシス・ネイション・グローサリーがあり、サンドイッチ、総菜、フルーツを使ったアイスクリームなどを販売。こちらもぜひチェックしてください。

The Art Centre, 28 Worcester Blvd., Christchurch
☎ (021)0913-0027／🌐 francesnation.co.nz
🕐 10:00〜17:00、無休／MAP📍P.14 A-1

4.オーガニックや職人によるハンドメイドアイテムを多く揃えている。／5.サモアなど南太平洋諸国のカカオを使ったダニーデンの「オチョ・チョコレート」(P.163)$13.50。／6.ホークス・ベイでつくられたハンドメイドのラベンダー&ソイキャンドル$26。

🛍️🍴 グルメもショッピングも楽しめる最新スポット

Riverside Market
リバーサイド・マーケット

1

2

1.クライストチャーチの新名所として人気。1日の平均来客数は1万人以上にのぼる。／**2.**精肉店、鮮魚店、デリ、ベーカリーなどさまざまな店が並び、見て歩くだけでも楽しい。

　2019年10月、エイボン川沿いのオックスフォード・テラスにオープンした2階建ての室内型ファーマーズ・マーケット。1階には約40のベンダーが並び、地元産のフレッシュな食料品がずらり。その場で食べたり、テイクアウトしていただいたりするほか、おいしいフードみやげも見つかります。

　2階はレストランフロアで、モダンアジアンレストランやビアパブ、タパス＆バーなど個性豊かな5軒が入店。さらに、マーケットに隣接した小道「レーンウェイズ」は路面店風のショッピングゾーンになっており、ファッション、雑貨、ホームウェアなどの店舗をのぞいて歩くと楽しいでしょう。

Cnr. Lichfield St. & Oxford Tce., Christchurch
☎(027)770-5599／🌐 riverside.nz
🕐7:30～18:00(木～土曜21:00、日曜17:00)、無休
※レストラン、バーの営業時間は店舗により異なる
MAP📍P.14 A・B-2

3

4

5

3.イートインスペースがある店も多く、グローサリーストア(食料品店)とレストランを組み合わせたグローサラント的なスポット。／**4.**グルメみやげも豊富に見つかる。／**5.**レーンウェイズもチェックしてみよう。

☕ コーヒー党が一目置く本格派

Black Betty Cafe
ブラック・ベティ・カフェ

黒を基調にした倉庫風の店内がクール。オーナーはイタリアとインドでコーヒーの修業をし、ニューブライトン（P.140）に焙煎所「スイッチ・エスプレッソ」を開いたこだわり派。エスプレッソが主流のこの国ではめずらしく、サイフォン、エアロプレス、ポアオーバーなど多様な淹れ方でコーヒーを楽しめます。軽食からじっくり煮込んだポークベリーまでフードも多彩で美味！

3/165 Madras St., Christchurch
☎ (03) 365-8522
🅵 @blackbettycafe
🅾 @blackbettycafe
🕐 7:30（土日曜8:00）〜15:30、無休
MAP 📍 P.14 B-2

1. 剥き出しの天井と木材、鉄筋が絶妙に調和した倉庫ライクのカフェ。／**2.** ホワイトチョコレートムースを添えたワッフル$18.50。隠し味にコーヒーが使われている。／**3.** ビターなチョコレート風味のカプチーノなどコーヒーメニューは$5前後。

☕ 斬新なアイディアが光るエコなカフェ

C1 Espresso
シーワン・エスプレッソ

かつて郵便局として使われていた建物を利用したレトロでスタイリッシュなカフェ。名物は天井いっぱいに張りめぐらされたチューブを通り、時速約100kmでテーブルに届く空気圧バーガーとホットドッグ。アトラクションのように楽しいことはもちろん、パテがジューシーで、カールしたポテトもサクサク。チキン、ビーフなど豊富な具材から好きなものを選べます。アルコールの扱いもあり。

Cnr. High & Tuam Sts., Christchurch
🌐 c1espresso.co.nz
🕐 7:00〜21:00（土日曜17:00）、無休
MAP P.14 📍 B-2

4. 郵便局として建てられたシックな外観。店の前にテラス席もある。／**5.** 高速でテーブルに届く空気圧ポテト付きスライダーズ$23.90は20時30分まで注文可能。／**6.** 天井いっぱいにチューブがのびるユニークでおしゃれなカフェ。ワクワクする仕掛けの宝庫。／**7.** キャラメル、バナナ、ホイップクリームを使ったイギリス発祥のバノフィー・パイなどスイーツも充実。

✕ デザートが充実したカジュアルダイニング

Strawberry Fare
ストロベリー・フェア

1

　素材にこだわり、シンプルかつていねいに味付けた料理がおいしいと、長年地元から愛されるレストラン。一部のフルーツとオリーブは自社のオーガニック農園で栽培したものを使用し、コーヒーも自家焙煎しています。

2

　朝から夜まで1日中営業しており、北ハグレー公園の近くにあるので公園散策の後に訪れるのにも便利。メインのおすすめはアンガス牛のフィレステーキ。肉厚でもジューシーでやわらかく、ローストしたバルサミコとトリュフバターのソースとよく合います。ほかにも、ダック、チキン、本日の魚料理などボリューム満点。カジュアルで落ち着ける雰囲気の店内でゆったりといただきましょう。

　そしてこの店の大きな特徴といえるのが、デザートの充実ぶりです。約20種類ものスイーツが揃い、どれにしようか迷ってしまうほど。数人のグループなら日替わりで内容が変わるシェフのお任せプレートをオーダーしましょう。

3

1.ブラウニー、ムース、ソルベなど数種類のデザートが楽しめる日替わりプレート$25.90。／**2.**大きな窓からハグレー公園の緑が望めて開放感抜群。／**3.**人気のビーフフィレ200g、$44.50。付け合わせの野菜もたっぷりで満足感が高い。／**4.**オーナーのリズさん。

4

19 Bealey Ave., Christchurch
☎(03)365-4897／🌐 strawberryfare.com
🕐7:30(土日曜8:30)〜22:30
MAP📍P.14 A-1

🍴 手抜きをしない時短グルメはここで

Little High Eatery
リトル・ハイ・イータリー

おひとりさまにも利用しやすいフードコート。レストランのようにおしゃれで、ハンバーガーからピザ、寿司、タイ料理、中華までジャンルが幅広く、同行者と違うものが食べたい場合にも◎。おすすめはフリーレンジの卵など地元産素材を使ったグルメバーガー店「ベーコンブラザーズ」。バーもあり、毎日16〜18時のハッピーアワーでは指定のアルコール飲料が20％オフに。

1.フードコートとはいえおしゃれな雰囲気。朝から夜遅くまで営業しているので使いやすい。／2.ひとりでも利用しやすいカウンター席のあるバー。ハロウィンなど季節のイベントも開催。

255 St. Asaph St., Christchurch
☎ (021)0208-4444／🌐 littlehigh.co.nz
🕐 11:00〜22:00、無休
※営業時間は店舗により多少異なる
MAP📍 P.14 B-2

🍴 1日中開いている便利なおしゃれバー

O.G.B オー・ジー・ビー

©Nancy Zhou

28 Cathedral Square, Christchurch
☎ (03)377-4336／🌐 ogb.co.nz
🕐 15:00(金〜日曜12:00)〜翌1:00、無休
MAP📍 P.14 A-2

蓄音機やタイプライターなどが飾られ、タイムスリップした気分が味わえる異色のバー。

自慢のカクテルは$20程度。おつまみは$7〜。©Nancy Zhou

歴史的建造物である元庁舎（OGB＝Old Government Building）の1階にあるクールなバー。古きよきクライストチャーチをテーマにしたクラシックな店で、バーテンダーも1920年代の服装をしているのがユニーク。お酒に合うバーフードやプラッターのほか、サイズの異なるシェアプレートが充実し、レストランとしても利用できます。木〜日曜には音楽ライブも楽しめます。

135

✕ 市内屈指の実力派ダイニング

50 Bistro
フィフティ・ビストロ

高級ホテル「ザ・ジョージ」(P.138) 内にある
カジュアルダイニング。ロビーバー、都会的
でシンプルな室内席、開放感ある屋外席があ
り、ハグレー公園の美景も望めます。

シェフのライアン・マッケンジー氏がつくる
メニューは旬の食材を使ったモダンニュージ
ーランド料理で、朝食、ランチ、ハイティー、
ディナーまでカバー。目的別に利用しやすく、
ベジタリアン、ヴィーガン、グルテンフリー対
応メニューも多いため、いつ訪れても上質な
ヘルシー美食が楽しめます。ラム&ビーフ・
エクセレントアワードなど国内の権威あるレス
トラン賞の受賞歴を誇り、洗練されたサービ
スも評判。特別な日にもふさわしいワンランク
上の店でありながら気取らずリラックスした雰
囲気なので、地元の人もよく利用しています。

50 Park Terrace, Christchurch
☎(03)371-0250／🌐 50bistro.co.nz
⏱6:30～22:00、無休／MAP 📍P.14 A-1

1. ローズマリーのソースがき
いたラム肉 $42 はワインとの
相性が抜群。／**2.** チアシード
プリン、シリアル&ヨーグルト
など品数豊富な朝食ビュッ
フェは $28.50～。／**3.** ポー
ク・テンダーロインのキャロッ
ト&ジンジャーソース添え
$37 はやわらかくジューシー。

4. ロビーバーで注文できるシチリアンオリーブ $17 はワインの
お供にピッタリ。／**5.** アーバンリゾート感あるビストロ。朝の散
歩のあとに利用するのもおすすめ。

136

🛏 日本流のきめ細かいサービスが自慢

The Mayfair メイフェア

1.朝食からバースナックまで本格メニューを揃えたダイニング。／2.床から天井までの大型窓を配した明るい客室。／3.アメニティやバスローブにも最高級品を採用。

155 Victoria St.／☎(03)595-6335／🌐 mayfairluxuryhotels.com
🛏 1室$302.40〜（朝食別）／全67室
MAP📍P.14 A-1

北ハグレー公園のそばに2022年7月にオープンしたラグジュアリーホテル。オーナーは日本で暮らした経験を持つ親日家で、日本流のおもてなしがコンセプトのひとつ。アメニティやベッドリネンなど細部にこだわった客室はミニマルで快適です。館内のダイニング、マジェスティック・アット・メイフェアもおすすめ。日中はカフェ、夕方以降はバーとして営業しています。

🛏 牢獄に宿泊するユニーク体験

Jailhouse Accommodation
ジェイルハウス・アコモデーション

1999年まで刑務所や軍隊のキャンプとして使われていた建物を利用したホステル。当時の名残を残しつつキレイに改装され、快適に滞在できます。6〜10人収容できるドミトリーからファミリー向けの個室まで幅広いタイプの客室を揃え、手頃な宿をお探しの人におすすめ。共同のキッチンやラウンジ、BBQ設備もあり、世界中からの旅行者と交流が楽しめます。

338 Lincoln Rd., Addington, Christchurch／☎(03)982-7777／🌐 jail.co.nz
🛏 1泊$45〜、1室$80〜（朝食別）／全37室（81ベッド）／MAP📍P.14 B-1

4.刑務所の雰囲気が感じられる。ひと味変わった宿泊体験をしたい人におすすめ。／5.ダブルルーム。元独房らしく殺風景だが清潔でベッドの寝心地も良い。／6.ホステルのロビーエリア。天窓から陽光が降り注ぎ、明るく快適。

🛏 あたたかいもてなしの瀟洒な宿

The George
ザ・ジョージ

1

エイボン川のほとりに立つ5ツ星のブティックホテル。モダンで洗練された客室は快適で、ほとんどが深いバスタブ付き。上品であたたかみのあるブラウンを基調とし、床暖房が完備しているため冬でも心地よく過ごせます。大きな魅力は、宿泊客と同じ人数のスタッフが勤務し、一人ひとりのニーズに合わせたきめ細かいサービスが受けられること。日本人スタッフが常勤し、言葉の面も安心です。ターンダウン※の際、ベッドに置かれるホテル特製テディベア「ジョージ・ベア」はギフトとして贈られ、旅の記念になります。別棟に1950年代に建てられた邸宅を利用した3ベッドルームのレジデンスがあり、完全なプライベート空間で6人まで滞在可能。ファミリーステイやウェディングにおすすめです。

1.ハグレー公園に面した閑静なエリアにある。／2.クラシックな調度品でまとめられたレジデンスのライブラリー。／3.現代アートが飾られたロビーは5ツ星らしい気品が感じられる。／4.ターンダウンの際に置かれるジョージ・ベア。

50 Park Terrace, Christchurch
☎ (03)379-4560
🌐 thegeorge.com
🛏 1室$448〜（朝食別）／全53室
MAP📍P.14 A-1

レジデンス1階のベッドルーム。隣の応接間とコネクティング・ドアでつなぐことが可能。

※ターンダウン：ベッドメイキングとは別に、ベッドを使いやすく整えるサービス。

圧倒的な大自然のなかを爽快ドライブ！

車社会のニュージーランドではレンタカー旅行がおすすめ。海外でレンタカーというとハードルが高く感じるかもしれませんが、日本と同じ左側通行・左折優先で交通量も圧倒的に少ないため、運転はむずかしくありません。

ただしオークランドの中心部に宿泊している場合は朝晩のラッシュアワーに加え、慢性的に渋滞するので注意が必要。そのほか、日本ではなじみのない以下の点に気を付けて安全運転を心がけましょう。

整備された舗装道路が多く、標識もわかりやすい。山道が多いので余裕のある時間配分を。

Roundabout
ラウンドアバウト

ニュージーランドで一般的な信号のない円形ロータリー。右側から来る車が優先。右側がクリアになったら進入でき、左に向かって時計まわりで走行します。

Give Way
ギブ・ウェイ

合流先が優先道路であることを示すもの。車が来ていなければ一旦停止は不要。車1台分の幅の橋（One-Lane Bridge）の手前にもあり、Give Way側から入る場合は対向車が来ていないことを確認して進みましょう。

法定速度

ニュージーランドの速度制限は市街地で50km以下、郊外では80〜100kmが基本。スピード違反取締用カメラの設置が多いので法定速度を守って運転しましょう。

緊急車両には道を譲る

パトカーや救急車などの緊急車両がサイレンを鳴らして後方から近付いてきた場合、一般の自動車は直ちに道を譲る必要があります。安全を確認して車線を変えたり、路肩に寄せたり、停車するなどして緊急車両を先に行かせましょう。

ガソリンはセルフ給油

ガソリンスタンド（ペトロールステーション／Petrol Station）は基本的にセルフサービス。レジで給油機の番号とガソリンの種類、給油したい料金を伝える前払い制が一般的です。レンタカーの場合はほとんどが91（無鉛・Unleaded）ですが、ほかに95や98（ハイオク、プレミアム）、ディーゼルもあります。

絶景サウナも楽しめる

New Brighton
ニューブライトン

MAP📍P.14 C-1

ACCESS 🚌 クライストチャーチより市バスのメトロ（P.169参照、ゾーン1）のイエローライン（5番）で約35分（終点下車）
🚗 車で約15分

開放感のある約300mの桟橋。夜はライトアップされてフォトジェニック。

　市内中心部から車で約15分でアクセスできるビーチタウン。サーファーが集まり、南国風のヒップなムードが漂います。名所は海に突き出た長さ約300mのフォトジェニックな巨大ピア。潮風に吹かれながら散歩や釣りをする人たちや、すぐ真下で波に乗るサーファーを眺めるのも一興で、リゾート気分が味わえます。ビーチに面した図書館も必訪。海を望むソファ席で読書をしたり、Wi-Fiが完備しているので旅の情報収集にも便利です。併設のカフェ&レストランで食事もできます。ビーチ沿いには眺望のよい公園があり、夏になると子ども向けのウォーターパークに早変わりします。海遊びの後はビーチに面したホットプール施設「ヘ・プナ・タイモアナ」でのんびりしてみて！　海を眺めながら入れるサウナもあり、旅の疲れを癒せます。

1.2. ソファから眺める海の景色が人気のニューブライトン図書館。／**3.** 5つのホットプールやサウナ、ミストサウナなどが揃うヘ・プナ・タイモアナ。海の絶景を楽しみながら整おう。利用料は大人$18〜。

New Brighton Library (ニューブライトン図書館)
213 Marine Parade, New Brighton, Christchurch／☎(03)941-7923
🌐 my.christchurchcitylibraries.com/locations/NEWBRIGHTN
🕘9:00〜18:00、土日曜10:00〜16:00、無休
🏠館内併設のカフェ&レストラン「Salt on the Pier（ソルト・オン・ザ・ピア）」
☎(03)388-4493／🌐saltonthepier.co.nz
カフェ8:30〜16:00(金〜日曜17:00〜20:30バー営業)、無休
レストラン火〜金曜16:00〜深夜、土日曜11:00〜深夜、月曜休

He Puna Taimoana (ヘ・プナ・タイモアナ)
195 Marine Parade, New Brighton, Christchurch／☎(03)941-7818
🌐 hepunataimoana.co.nz／🕘10:00〜19:30(金曜は時間延長)

お手軽ハイキングで美景を満喫

Port Hills
ポートヒルズ

街の中心部から近く、アクセス容易で絶景を楽しめることが魅力。

マウンテンバイクを借りてサイクリングするのも◎ @ChristchurchNZ

絶景を楽しみたいならここへ。中心部の南約10kmに位置する標高300〜500mの丘陵地帯で、50以上のウォーキングトラックがあり、15分〜3時間程度のハイキングやサイクリングが楽しめます。イチオシはゴンドラでもアクセスできるブライダル・パス。ゴール地点から市街地とリトルトン港のパノラマ美景が望めて感動的です。時間がない人はカフェ「サイン・オブ・キーウィ」を起点に歩くショートコースがおすすめ。

🌐 ccc.govt.nz/parks-and-gardens/explore-parks/port-hills

ACCESS

🚌 クライストチャーチからブライダル・パスのスタート地点であるゴンドラ駅まで市バスのメトロ8番で約30分

🚗 クライストチャーチからサイン・オブ・キウィまで車で約20分

プチフランスへショートトリップ

Akaroa アカロア

フランス移民によって開発され、フレンチコロニアル風の町並みが残されているかわいい港町。ここでぜひ体験したいのが、ニュージーランドにしか生息しない世界最小のイルカ、ヘクターズ・ドルフィンに会えるクルーズ。夏は一緒に泳ぐことも可能です。動物が好きな人はアカロアへ行く途中にアルパカ牧場に立ち寄るのも◎。

2 © Black Cat Cruises

ACCESS

🚗 クライストチャーチから車で約1時間20分

🚌 1日1往復のシャトルバスで約1時間30分〜2時間／**⑤** 大人片道$45、子ども$30(往復$65、$45)／🌐 akaroabus.co.nz

1. フランスを感じる町の中心部は徒歩で十分まわれる。／**2.** かわいいイルカに会えるクルーズは定員12名なので早めに予約を。

Black Cat Cruises (ブラックキャットクルーズ)

☎ (03)304-7641／🌐 blackcat.co.nz／スイミング・ウィズ・ドルフィン＝所要約3時間
⑤ 大人$219、子ども(8〜15歳)$189 ●5〜9月はツアーの催行なし

Shamarra Alpacas (シャマラ・アルパカ) ※アルパカ牧場

328 Wainui Main Rd., RD2 French Farm, Akaroa／☎ (03)304-5141／🌐 shamarra-alpacas.co.nz
🕐 ファームツアー所要1時間、毎日11:00、13:00、16:00出発／**⑤** 大人$55、子ども(4〜15歳)$30

アルパカ牧場にも立ち寄って! @ChristchurchNZ

Queenstown

クイーンズタウン

ACCESS

✈ 主要都市から国内線が運航されている。オークランドから約2時間（1日約15便運航）、ウェリントンから約1時間20分（1日約3便運航）、クライストチャーチから約1時間（1日約5便運航）

🚌 ダニーデンから長距離バスで約4時間40分（1日1本運行）

1. ワカティプ湖畔に立つヨーロッパ人初の入植者ウィリアム・ギルバート・リース像。／**2.** レストランやカジノがあるスティーマー・ワーフ。

3 © uphillblok

アクティビティ満載の
美しいパーティータウン

　空港に降り立った瞬間、壮大なサザンアルプスの絶景と最果て感に感動するニュージーランドきっての山岳リゾート。山々と広大なワカティプ湖をはじめとする湖沼が織りなす美しさはいつまで見ていても飽きることはなく、バンジージャンプなどの絶叫系からトレッキング、ジェットボート、乗馬、冬のスキー＆スノーボードまで自然を舞台にしたアクティビティも満載。さらにワイナリーや映画のロケ地めぐり（P.78）も楽しめ、何度訪れても遊び尽くせないほど。中心部は徒歩でまわれるほどコンパクトですが、ダイニングや夜遊びスポットのバーも充実しています。

　アクティビティやツアーの情報収集・予約は観光案内所i-SITEのほか、宿泊施設でも可能で非常にスムーズ。観光の町なので旅行者がストレスなくステイを満喫できるサービスが整っていることもクイーンズタウンの魅力です。

市内交通

町の中心部と空港や郊外を結ぶ市バス「オーバス」は本数も比較的多くて便利（P.169参照）。そのほかのエリアへ出かけたり、自由に動きまわりたい場合はレンタカーを。ツアーの利用もおすすめ。
Orbus（オーバス）
orc.govt.nz/public-transport/queenstown-buses

3.1862年に金が発見され栄えた歴史を持つクイーンズタウンの街。ボブズ・ピークより。／4.絶景に囲まれ、緑豊かなリゾートタウン。／5.商業としてのバンジージャンプ発祥の地でもあり、多彩なアウトドアアクティビティが楽しめる。／6.中心部から一歩外に出れば羊が草を食む田園風景が広がる。

🔭 クイーンズタウンの魅力がギュッと凝縮

Skyline Queenstown
スカイライン・クイーンズタウン

サザンアルプスをピンク色に染めるサンセットタイムの美しさも格別。

パノラマ美景が堪能でき、グルメやアクティビティも揃う展望スポット。時間がない人もここだけはぜひ体験してください。ゴンドラでアクセスする地上450mからの眺めは圧巻のひと言で、日中はもちろん、サンセットも感動的。アクティビティではリュージュがおすすめ。2024年4月にコースのリノベーションが完了予定。意外とスピードが出てスリリングですよ。

1.標高450mのボブズ・ピークでリュージュ体験を！／2.山頂のビュッフェレストラン「ストラトスフェア」は16:45（土日曜11:45〜）〜20:45の営業。バーは11:00〜22:00。ゴンドラ乗船料込みで大人$122〜、子ども$85〜。／3.季節ごとにメニューが変わり、多彩なニュージーランド料理が90分間食べ放題。

Brecon St., Queenstown／☎(03)441-0101
🌐 queenstown.skyline.co.nz
🕐9:30〜21:00（ゴンドラ運行時間）、無休
💲 ゴンドラ往復＝大人$59、子ども（6〜14歳）$41、
　　ゴンドラ往復＋リュージュ＝大人$81〜、子ども$57〜ほか
MAP📍P.15 A-1

🏃 心に残る絶景続きのトレイル

© Destination Queenstown

Queenstown Trail
クイーンズタウン・トレイル

全長130kmを超えるサイクリングトレイル。クイーンズタウン滞在の醍醐味は美景と自然を楽しむことで、それを手軽に体験できるのがこちら。全走破には4日ほどかかりますが、ギブストンリバー・ワイントレイル（8.7km）、クイーンズタウン・ガーデンズ〜フランクトン・マリーナ（往復12km）などコースが細かく分かれているので好みに合わせて選べます。ウォーキングもOK。

🌐 queenstowntrails.org.nz
MAP📍P.15 B-2

4.クイーンズタウン〜ジャックス・ポイントは全長26km、所要4〜5時間。雄大な自然のなかを走れる。／5.ところどころに標識があり、わかりやすい。i-SITEで無料のトレイルマップももらえる。

🚶 アウトドアをたっぷり楽しみたいならココへ

Cardrona〜Wanaka
カードローナ〜ワナカ

1

2

3

1.カードローナ・ホテルは国内で最も歴史のある宿泊施設のひとつ。／**2.**絶景ワイナリーとして知られるリッポン。シグネチャーのピノ・ノワールを試してみて。／**3.**無数のブラジャーが圧巻のブラ・フェンス。／**4.**冬はウインタースポーツを楽しむ人であふれるカードローナ・アルパイン・リゾート。／**5.**ワナカ・ラベンダー・ファームは12月中旬〜2月中旬が見頃。

　カードローナはクイーンズタウンから約50km北東にあるアルパインリゾート。冬はスキー＆スノーボード、夏はマウンテンバイク、ハイキング、オフロードカートなどが楽しめ、アウトドア好きなら行く価値は十分。150年以上の歴史を持つクラシックなホテル兼パブなどかわいらしい町並みも絵になります。また、乳がんの啓もうのためにスタートしたというブラ・フェンスも必見。雄大な山々をバックに無数のブラジャーがびっしり並ぶ様子は圧巻です。

　カードローナからさらに25kmほど北東に進むと風光明媚な町ワナカに到着。ロイズ・ピーク・トラック（P.25）をはじめとするトレッキングコースが豊富で、ワナカ・ラベンダー・ファーム、老舗ワイナリーのリッポンといった観光スポットも点在。クイーンズタウンから日帰りできますが、存分に満喫したいなら数日滞在するのがおすすめです。

4

Cardrona Alpine Resort
（カードローナ・アルパイン・リゾート）
☎(03)443-8880
🌐 cardrona.com／MAP📍P.15 C-2

Wanaka Lavender Farm
（ワナカ・ラベンダー・ファーム）
36 Morris Rd., Wanaka
☎(03)443-6359
🌐 wanakalavenderfarm.com
MAP📍P.15 C-2

5

Rippon（リッポン）
246 Wanaka-Mt Aspiring Rd., Wanaka
☎(03)443-8084／🌐 rippon.co.nz
MAP📍P.15 C-2

🛍 ロコアーティストの作品が集結

Vesta
ヴェスタ

1864年に建てられた、現存するものとしてはクイーンズタウン最古の歴史的建造物を利用。ニュージーランドメイドのアート、雑貨、ジュエリー、アパレル、バッグ、ホームウエアなど幅広いアイテムを揃え、センスのよいギフトが見つかります。

19 Marine Parade, Queenstown
☎ (03)442-5687／🌐 vestadesign.co.nz
🕐 10:00(土曜11:00)〜16:00、日月曜休
MAP📍P.15 B-2

1.旅の記念に上質なアート作品やクラフト雑貨を手に入れよう。／2.NZモチーフのオリジナルアートは$200程度。／3.コテージのような店内は部屋ごとにさまざまなアイテムが並び、眺めているだけでも楽しい。

♨ 絶景が広がる癒しスポット

Onsen Hot Pools
オンセン・ホット・プールズ

日本の温泉にインスパイアされたホットプール施設。クイーンズタウン中心部から10km離れた渓谷にあり、目の前にショットオーバー川とサザン・アルプスが広がり、美景だけでも癒されるほど。クイーンズタウンには温泉は湧いていませんが、ピュアな山の雪解け水を利用しており、やさしい肌あたりです。ヒマラヤ杉の浴槽はゆったりサイズで、大人4人まで一緒に入れます。料金にはタオルとドリンク(ビール、ワインなどから選択可能)が含まれ、併設のスパでマッサージも受けられます。

4.ショットオーバー川とサザン・アルプスの美景を眺めながらのんびりしよう。ハイキングやウインタースポーツの後に入ると身体の疲れも吹っ飛びそう。／5.お湯は38.5℃ほどとゆったりつかるのに適した温度。ヒマラヤ杉の香りもよい。バスソルトやお香が付いたプランもある。／6.ソファが置かれたロビー。入浴の前後もくつろげる。

160 Arthurs Point Rd., Arthurs Point, Queenstown
☎ (03)442-5707／🌐 onsen.co.nz／🕐 9:00〜22:00
💲 1人1時間$97.50〜(タオル、ドリンク込み)
MAP📍P.15 D-2

🛍 ☕ 街でいちばん眺めのいいデザートカフェ

Patagonia Chocolates

パタゴニア・チョコレート

1

2

3

4

　アルゼンチン出身のオーナーが2005年、アロータウンに開いたチョコレート＆アイスクリーム店。南米のスタイルを取り入れ、職人技を感じさせる質の高さが評判となり、現在はクイーンズタウン周辺に4店舗を展開。フラッグシップストアであるこちらの店ではカフェメニューも豊富。2フロアのゆったりサイズで、2階席の大きな窓の外に湖と山々の絶景が広がり、贅沢なおやつタイムが過ごせます。

　ケーキ、クレープ、サンデー、ワッフル、チュロスなどのスイーツを満喫したら、1階のショップでお買い物を。濃厚なチョコレートはもちろん、自家焙煎のコーヒーや自家製のヘーゼルナッツ・スプレッド「ノッチョーラ」、キャラメル・スプレッド「ドルチェ・デ・レチェ」もおみやげに最適です。

1.ワカティブ湖畔に立つ絶好ロケーション。郊外のアロータウン（P.155）にも店舗がある。／**2.**クリーミーなアイスクリームは1スクープ$7〜。さっぱりしたソルベもある。／**3.4.**チョコレートバーは2個入り$7.50。／**5.**2階席の大きな窓から望む景色は絵のように美しい。

5

6

6.自家焙煎したコーヒーはエスプレッソ、ディカフェなど数種類が揃い、250g $15〜。／**7.**購入したチョコレートはキレイなギフトボックスに入れてもらえる。

2 Rees St., Queenstown
☎ (03)409-2465
🌐 patagoniachocolates.co.nz
🕐 9:00〜22:00、無休
MAP 📍 P.15 B-1

7

147

🛍️ ココロときめくお菓子の館

The Remarkable Sweet Shop

ザ・リマーカブル・スイート・ショップ

　チョコレート、キャンディ、グミなど約1000種類のお菓子がラインナップ。メルヘンの世界に迷い込んだようなカラフルな店内にワクワクします。ニュージーランドのほか、イギリス、アメリカ、オーストラリアなど世界のスイーツもずらり。看板商品は約24種類が揃う手づくりファッジ。ヴィーガンのお菓子も扱っています。

1.ファッジのフレーバーは日替わりで100g$8.80〜の量り売り。4種類の箱入りセット$32〜もおすすめ。／**2.**ぜひ立ち寄りたいクイーンズタウンの名物ショップ。／**3.**キュートなパッケージはおみやげによろこばれそう。

23 Beach St., Queenstown
☎ (03)409-2630
🌐 remarkablesweetshop.co.nz
⏰ 9:00〜22:00、無休
アロータウン(P.155)とクイーンズタウン国際空港にも支店あり／MAP 📍P.15 B-1

🛍️ インスタスポットとしても人気

The Cookie Muncher Cookie Bar

ザ・クッキーマンチャー・クッキー・バー

　東京・原宿にも進出したニュージーランドの国民的お菓子クッキータイムの直営バー。ここでしか買えないクイーンズタウン限定パッケージが揃い、ブランドのキャラクター「クッキーマンチャー」とのフォトスポットも充実。焼きたてのクッキーやインスタ映え満点なクッキーシェイク、アイスクリーム、焼く前のクッキー生地をスイーツにしたノーベイククッキードウなどのメニューも楽しめます。

18 Camp St., Queenstown
☎ (03)442-4891／🌐 cookiebar.co.nz
⏰ 9:00(土日曜10:00)〜21:00、無休／MAP 📍P.15 B-2

4.クリームやチョコがどっさりトッピングされたシェイク$12。／**5.**クッキーのほか、クッキーマンチャーのぬいぐるみ$25などグッズも販売。／**6.**クッキーマンチャーのオブジェと看板が目印。

☕ ヘルシー朝食＆
ランチはここで

Bespoke Kitchen

ベスポーク・キッチン

　ニュージーランド・カフェ・オブ・ザ・イヤーに輝いたこともある実力派。町の中心部にありますが、長い階段を上り切った丘の上に位置するという、ちょっとした穴場感がナイスです。

　1日中オーダーできるオールデーメニューは、ギブストン産の野菜やフリーレンジの卵、パドックでのびのび育ったフリーファーム・ポークのベーコンといった厳選食材を使った美食ばかり。グルテンフリー、ヴィーガン、乳製品不使用、精糖不使用など健康面にもこだわり、味も絶品。見た目もフォトジェニックで、大満足間違いなしです。マフィン、ケーキ、サンドイッチ、チアシードプリンなどキャビネットフード[※]も粒揃い。シンプルモダンな店内インテリアも居心地がよく、毎日通いたくなるお店です。

[※] ガラスのショーケースなどのなかに並んでいる調理ずみのフードやスイーツ。

背後の山や観葉植物の緑に溶け込むおしゃれなモスグリーンの外観。

9 Isle St., Queenstown
☎ (03) 409-0552 ／ 🌐 bespokekitchen.co.nz
🕐 7:30〜16:00、無休、MAP 📍 P.15 A-1

1.モダンでくつろげる雰囲気のカフェ。外にテラス席もある。／2.さわやかなシトラスのオランデーズソースがたっぷりかかったエッグベネディクト$27〜。／3.ブラウニー$7〜やグルテンフリーのケーキ$8.50〜などキャビネットにはスイーツも種類豊富に並ぶ。／4.バリスタが1杯ずつていねいに淹れるコーヒーで1日をスタートしよう。

☕ 滞在中一度は行きたいベストカフェ

Vudu Café & Larder
ブードゥ・カフェ・アンド・ラーダー

クイーンズタウンでおそらくいちばん人気があるカフェ。湖に面した絶好のロケーションで、インテリアもフードもスタッフもすべてがおしゃれでスマート。ベスポーク・キッチン（P.149）と同じオーナーで、こちらでも旬の地元産食材やフリーレンジの卵などを使用。ソースなどの調味料も自家製にこだわっています。コーヒーのブランドはオールプレス。種類豊富なスムージーもおすすめ。

16 Rees St., Queenstown／☎(03)409-0625／🌐 vudu.co.nz
🕐7:00～15:30、無休（季節により変動あり）
MAP📍P.15 B-1

1.クイーンズタウンのカフェシーンをリードするスタイリッシュな店。

2.料理はすべて自家製。見た目もキュートなチーズケーキ(1カット$10～)はおやつタイムに！/3.山岳リゾートらしい石造りのクールな外観。湖に面したテラス席もある。

🍴🍺 スポーツ観戦もできるイングリッシュパブ

Pig & Whistle ビッグ＆ホイッスル

本場イギリスを彷彿させる本格的なイングリッシュパブ。外観は石造りで重厚な雰囲気ですが、店に入るとニュージーランドらしい気さくなムード。ドリンクはギネスのほか、ニュージーランド産ビールの品揃えが豊富で、料理はバーガー、フィッシュ＆チップス、チキンウイングなどビールに合うものばかり。キッズメニューも充実し、ファミリーにもおすすめです。店内のスクリーンでプロスポーツ中継が見られるほか、金・土曜には音楽ライブも楽しめます。

41 Ballarat St., Queenstown
🕐(03)442-9055／🌐 thepig.co.nz
🕐12:00(月曜15:00)～
24:00(金土曜翌2:00)
MAP📍P.15 A-2

4.ビールやワインに合うバーメニュー（おつまみ系）は1日中注文できる。/5.ベストセラーのチーズバーガーは肉厚パテとベーコン、チェダーチーズ入り。フライドポテト付きで$28。/6.テラス席もあるゆったりした店。

✕ ミートラバー必訪の超人気店

Botswana Butchery
ボツワナ・ブッチャリー

ワカティプ湖畔に佇む一軒家レストラン。外観はシンプルですが、店内はモダンでシックな大人のムード。ブッチャリーとは肉屋の意味で、フィヨルドランド産レッドディア（鹿肉）、南島のハイカントリー（山間の高地）で育ったラム肉など国内の名産地から取り寄せた肉料理が自慢です。とはいえ、オイスターやシュリンプ、ホタテといった魚介類も揃え、そちらも鮮度抜群。夜は予約がおすすめ。

1.店内は洗練されたインテリアで、記念日など特別な日のディナーにもピッタリ。／2.メインには自慢の肉料理を。ビーフ、ポーク、ラム、ダックと種類豊富で$50前後。／3.コテージを利用した店はゆったり2フロア。料理、サービスもクイーンズタウンでトップクラス。

Archers Cottage, 17 Marine Parade, Queenstown
☎(03)442-6994／🌐 botswanabutchery.co.nz
🕐12:00〜Late、無休／MAP📍P.15 B-2

✕ 名物の巨大バーガーをガブリ

Fergburger
ファーグバーガー

CNNから世界の10大グルメバーガー店に選出され、連日行列が絶えない超人気店。ニュージーランド産プライムビーフ100%のパテを使った定番メニュー「ファーグバーガー」$15.90〜はずっしり重さを感じるほどボリューミーで、フカフカのバンズ、シャキシャキの野菜が名脇役。ほかにラムやチキン、ポークなど種類は豊富。隣にある同系列のベーカリー、ジェラート店、バーもおすすめです。

4.ボリューム満点のファーグバーガー。人気だがチェーン展開していないので、食べられるのはここだけ！／5.常に行列しているが、早朝や深夜なら比較的空いている。

42 Shotover St., Queenstown
☎(03)441-1232／🌐 fergburger.com
🕐8:00〜翌2:00(金土曜翌4:30)、無休／MAP📍P.15 B-1

絶景が望めるモダンタイ料理

My Thai Lounge

マイ・タイ・ラウンジ

ワカティプ湖に面した建物の2階に位置し、大きな窓から絶景が楽しめるタイ料理レストラン。バーカウンターもある店内は東洋と西洋が融合したエキゾチックな雰囲気でスタイリッシュ。グリーンパパイヤサラダ、フィッシュ・ラープなど前菜は$20前後、ラムシャンクのカレー、チキン＆エビのパッタイなどメインは$30〜40。12歳以下がオーダーできるキッズメニューもあります。

1. じっくり煮込んだ骨付きラムシャンクのカレー$40。肉がやわらか！／**2.** ピラミッド形の盛り付けがユニークなマイ・タイ・フライドライス$29。ガーリックチキン、天ぷらシュリンプ、サラダがサイドに付く。

69 Beach St., Queenstown／☎(03)441-8380／🌐 mythai.co.nz
🕐12:00〜14:30、17:30〜21:30、無休／MAP📍P.15 B-1

趣ある一軒家ビストロでブランチを

The Dishery ザ・ディッシェリー

3. かわいらしいガーデンを持つ一軒家レストラン。ゴールドラッシュ時代の面影が残る。／**4.** セントラル・オタゴ地方を中心に、国内産の新鮮な食材を使ったヘルシーメニューを提供。スモールプレートは$11〜、ラージプレートは$25前後。
© Destination Queenstown

4 Buckingham St., Arrowtown／☎(03)441-1849／🌐 thedishery.co.nz
🕐8:00〜15:00、無休／MAP📍P.15 D-2

クイーンズタウン郊外のアロータウン（P.155）にあるビストロ。1860年代に建てられたかわいらしいコテージを利用しており、春から秋の気候のいい時期は屋外のガーデン席が爽快です。メニューはスモールプレート、ラージプレートに分かれていて、グループなら数品選んでシェアするのがおすすめ。メニューにはサステナブル農法を行う地元の契約ファーマーから仕入れた食材を使用。ワインやカクテルの種類も豊富です。

南島のフレッシュなシーフードをお届け！

Finz Seafood & Grill
フィンズ・シーフード＆グリル

1

ワカティプ湖畔のスティーマーワーフにある創業約20年のシーフードレストラン。「山のなかでシーフード？」と思われるかもしれませんが、島国ニュージーランドは内陸部でも海に意外と近く、南島の新鮮な魚介料理を堪能できます。お刺身や巻き寿司など日本風のメニューが楽しめるのも魅力。おすすめは脂がたっぷりのったアカロア（P.141）産サーモンやミルフォードで取れたクレイフィッシュ。グラスフェッド・ビーフのショートリブ、サーロインといった肉料理も揃えています。

1.エレガントな雰囲気の店内。／2.手前から時計回りに刺身プレート$33.50、グレイズド・プラウン$28、フライパンでこんがり焼いたホタテ$33.50。／3.ワカティプ湾に面した絶好の立地。

3

Ground Level, Steamer Wharf, Beach St., Queenstown
☎(03)442-7405／🌐 finzseafoodandgrill.co.nz
⏰16:00〜22:00、無休／MAP📍P.15 B-1

大人も楽しめるカジュアルな雰囲気

The World Bar
ザ・ワールド・バー

4

4.安心して夜遊びできる明るくオープンな雰囲気で、料理もアルコールも充実。15〜17時はハッピーアワー。／5.夜はバンドやDJによるライブが開催され、深夜まで盛り上がる。

5

クイーンズタウンでの夜遊びは若者が弾けて騒ぐイメージが強いのですが、ここは大人もくつろいで楽しめるまったりムードが魅力。週末はランチタイムからオープンしており、バーガーやフィッシュタコスなど料理もおいしいので食事を目的に訪れるのもありです。ドリンクは地元産ワインやクラフトビールのほか、ティーポットに入ったカクテル$25〜が名物。量が多いので何人かでシェアしましょう。

12 Church St., Queenstown
☎(03)450-0008／🌐 theworldbar.co.nz
⏰15:00〜(金〜日曜12:00)〜Late、無休／MAP📍P.15 B-2

🛏 特別感がたまらないゴージャスロッジ
Hulbert House Boutique Lodging
ハルバート・ハウス・ブティック・ロッジング

1

1888年に建設されたビクトリア調のヴィラを利用。重厚感あるクラシックな調度品や天蓋付きのベッド、ターンダウンサービスなどすべてが完璧で、貴族気分で過ごせます。丘の上に位置しているので眺めも素晴らしく、夕食前の食前酒とカナッペ、朝食も秀逸。ホテルにこもりたくなるほど素敵な宿ですが、電動自転車のレンタルが無料なので周辺の観光もラクラク楽しめます。

1.ポーチドエッグ&アボカド・トーストなどおいしい朝食で1日のパワーチャージを。/2.大人の旅行者やハネムーナーにおすすめしたい優美なラグジュアリーホテル。/3.街の中心部から約500m離れた高台に位置し、部屋やガーデンから絶景が望める。

68 Ballarat St., Queenstown／☎(03)442-8767
🌐 hulberthouse.co.nz
🛏 1室$1280〜(朝食付き)／全6室／MAP📍P.15 A-2

🛏 大胆なインテリアが絵になるホテル
The Daily Private Hotel
ザ・デイリー・プライベート・ホテル

4

1920年代に建てられたデイリー（コンビニのようなもの）のまわりに建てられたホテル。外観はカジュアルですが、なかに入ると大胆な色づかいと柄を多用した斬新なインテリアに心が躍ります。宿泊は12歳以上という大人のための空間で、間接照明が配された客室はムードたっぷり。共有のラウンジでは毎夕17〜18時にドリンクのサービスも。

21 Brecon St., Queenstown／☎(03)442-5164
🌐 naumihotels.com/thedairyhotel
🛏 1室$425〜(朝食付き)／全13室
※12歳未満は宿泊不可／MAP📍P.15 A-1

4.1920年代の建物を利用。ノスタルジックな雰囲気がステキ。/5.「オアシス」と名付けられたバスタブ付きの客室。ベッドからサザン・アルプスが望める。/6.チェック柄の廊下と階段は写真映えすると人気のスポット。

ゴールドラッシュの面影が残る町

Arrowtown
アロータウン

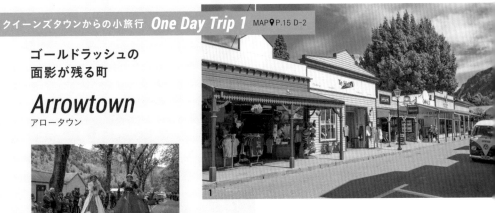

© Arrowtown Autumn Festival **2**

1.趣ある歴史的な町並みが残るアロータウンの目抜き通りバッキンガム・ストリート。／**2.**秋は町がゴールドカラーに染まる美しい季節。黄葉の見頃は4〜5月頃。秋祭りも行われる。

ACCESS

🚌 クイーンズタウンからオーバス（P.169参照）2番で約30分
🌐 arrowtown.com

クイーンズタウンの北東約21kmに位置するかわいらしい町。1862年に金が発見され、一時は人口が7000人にまで膨れ上がるほど栄え、今も当時の町並みが保存されています。町を流れるアロー川では今でも多少金が採れるため、砂金採りのアクティビティも。クイーンズタウンとは異なるのどかな雰囲気が楽しめるほか、秋は黄葉の名所として人気があります。

ニュージーランドを代表する美景

Milford Sound
ミルフォード・サウンド

ニュージーランドでもっとも有名で人気が高い観光地と言えるフィヨルド。4つの国立公園を擁するユネスコ世界遺産テ・ワヒポウナムにあります。クイーンズタウンから日帰りの1日バスツアーがあるので、時間があればぜひ参加を。道中の景色も素晴らしく、ハイライトのクルーズでは数々の滝や切り立った山々に圧倒されます。雨の多いエリアなので晴天に恵まれたらラッキー。ただし雨の日は滝の迫力が増して幻想的です。

◎クイーンズタウン発着のクルーズとのセットツアーがおすすめ＝リアルニュージー・ミルフォード・サウンド・デイトリップ＆クルーズ（RealNZ Milford Sound Day Trip & Cruises）所要13時間30分（クルーズは1時間30分〜2時間）、\$400〜／realnz.com

3.海面から垂直にそそり立つ山々のダイナミックな景観は感動的。／**4.**クルーズ船で滝の近くまでアプローチ。轟音と水しぶきの迫力に身体が震えるほど。／**5.**クルーズではオットセイのほか、ペンギンやイルカなど野生動物ともしばしば遭遇する。

5

ACCESS

🚌 クイーンズタウンから長距離バスで約6時間
💲片道大人\$87〜、子ども（3〜12歳）\$45〜
🚗 クイーンズタウンから約4時間

スコットランド建築と
大自然の宝庫

Dunedin
ダニーデン

ACCESS

✈ クライストチャーチから国内線で約1時間（1日約7便運航）。
ほか、オークランド、ウェリントンからも国内線が運航されている
🚌 クイーンズタウンから長距離バスで
約5時間（1日約1本運行）

1

スコットランド移民によって築かれ、「南の
エディンバラ」と呼ばれるダニーデンは、ひと
言とでいうと「かっこいい街」。シティセンター
にある八角形のロータリー「オクタゴン」を中
心にスコットランド様式の風格ある街並みが
残り、19世紀から20世紀にかけて建てられ
た重厚な建築物が存在感を放ちます。といっ
ても単に古いだけではなく、歴史ある建物を
利用したおしゃれなカフェやブティックが多く、
また最近ではイタリアのピクセル・ポンチョ、
イギリスのフレムといった世界的アーティスト

によるミュラル（壁画）が鑑賞できるストリート
アートの街として注目の的。ニュージーランド
最古の大学であるオタゴ大学を有し、人口の
約20%は学生、25歳以下が36%を占める若
くて活気のある文教都市でもあります。

ロイヤル・アルバトロスやキガシラペンギ
ンが生息するオタゴ半島、荒涼とした風景が
広がるタイエリ峡谷など、周囲に手付かずの
自然が広がっていることもダニーデンの魅力。
野生動物を間近で観察できるエコツアーも盛
んです。

1.1888年建造の「クイーンズ・ガーデン・コート」。建築好きにはたまらない街並みが魅力。／**2.**ネオゴシック様式で54mもの尖塔を持つ、スコットランド系長老派のファースト教会。

3.1903〜06年に建てられたダニーデン鉄道駅はクラシックなネオゴシックスタイル。／**4.**愛らしいブルーペンギンを観察するツアー（P.165）など、野生動物と出合う機会が多い。

© DunedinNZ

5.ボールドウィン・ストリートは最大傾斜35%という世界有数の急坂。ユニークな写真が撮れる。／**6.**オタゴン近くにあるフレムの作品。野鳥カカポをイメージしたという不思議な世界観が持ち味。

市内交通

街の中心部から郊外へは市バス「オーバス」が20〜60分間隔で運行（P.169参照）。街の南のビーチ、セント・クレア（P.158）へは8番、オタゴ半島（P.165）方面へは18番。効率良く動きまわりたいならレンタカーやツアーがおすすめ。
⚫Orbus（オーバス）
orc.govt.nz/public-transport/
dunedin-buses

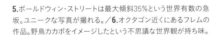

© Roady

👀 感度のいいクールな
サーフタウン

St. Clair セント・クレア

　オクタゴンから車で約10分（オーバス8番で20分）のおしゃれビーチタウン。小さな町ですがショップもレストランも感度高め。海に面したカフェでサーファーの妙技を鑑賞しながらまったりするのもおすすめ。夏のみオープンする海水プールがあり、その裏手のちょっとしたトレイルを5分ほど歩くと美しいセカンド・ビーチが見えてきます。波が高いことが多いので海遊びの際は十分注意を。

1. © DunedinNZ

1. 夏季のみオープンする屋外の温水プールは、海を眺めながら泳げる。／**2.** プールに併設のカフェは通年営業。／**3.** ビーチフロントにセンスのいいショップやカフェが集まっている。

MAP 📍 P.16 A・B-2

🚶 大人が楽しめるビール工場見学

Speights Brewery Tour
スペイツ醸造所ツアー

　145年以上の歴史をもつダニーデン生まれの自然派ビール「スペイツ」の醸造所。レンガ造りの建物自体も見応えがあり、ロゴショップで販売されているオリジナル商品はおしゃれでおみやげにおすすめ。見学ツアー（要パスポート持参）に参加するとスペイツの歩みや湧水を使ったビール造りの過程がよくわかり、ラストに数種類のビールを試飲できて大満足。飲み足りなかったらすぐ隣の直営パブへ！

200 Rattray St., Dunedin
☎ (03) 477-7697／🌐 speights.co.nz/brewery-tour
💲 大人$35、子ども（5〜17歳）$17、5歳未満は無料
◎ 見学ツアー出発時間 12:00、14:00、16:00／MAP 📍 P.16 B-1

4. ツアーの最後に数種類のビールを試飲できる。未成年者にはソフトドリンクをサービス。／**5.** 知識豊富でフレンドリーなガイドがくわしく解説してくれる（英語のみ）。／**6.** 創業当時の面影を残すレンガ造りの絵になる醸造所。見学ツアーはテイスティング込みで約75分。

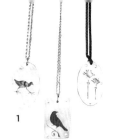

🛍 1点モノが見つかるアートショップ

Koru Gallery
コル・ギャラリー

ほかにはないおしゃれなギフトが見つかる店。現代絵画からマオリアート、グリーンストーンのアクセサリー、小物まで幅広いニュージーランドメイドのアイテムがずらり。ペンギンやロイヤル・アルバトロスをモチーフにしたアート雑貨が多いのはダニーデンならでは。ギャラリーも兼ねたゆったりとした店内で、芸術鑑賞をする感覚でお買いものが楽しめます。

2 Castle St., Dunedin／☎(03)477-2138
🌐 korunzart.com
🕐 10:00〜17:00(土曜祝日15:00)、日曜休
MAP 📍P.16 B-1

1.野鳥のプケコやトゥイなどこの国の自然がモチーフのネックレス$200程度。／**2.**ハンドメイドの国鳥キーウィの陶器製オブジェは一つひとつ微妙に異なり、味がある。／**3.**地元アーティストによるさまざまな作品が並ぶ。

🛍 地元アーティストの陶磁器をおみやげに

Amanda Shanley Studio
アマンダ・シャンレー・スタジオ

地元在住の陶芸家アマンダ・シャンレーさんのスタジオ兼ショップ。彼女の作品はやわらかい質感と子どもがクレヨンや絵の具でお絵描きをしたかのような独自のデザインが魅力です。作業風景の見学や、アマンダさん本人から作品について話が聞ける楽しみも。営業日と時間が限られていますが、時間が合えばぜひ立ち寄ってお気に入りを探してみましょう。

4.オクタゴン近くにある店。同じ建物の2階に4人まで滞在できるアパートメントタイプの宿泊施設がある。／**5.**やわらかい質感の作風で知られるアマンダさん。／**6.7.**普段づかいできるカジュアルな食器類が多い。1点モノを探しに行こう。© DunedinNZ

136 Princes St., Dunedin／☎(027)4728-992／📷@amanda_shanley_studio／🕐10:00〜15:00、日〜火曜休／MAP 📍P.16 B-1

🛍 絶景を眺めながらショッピング

Wander and Sons
ワンダー・アンド・サンズ

セント・クレア・ビーチの目の前にあるセレクトショップ。ニュージーランドとオーストラリアの厳選アイテムを扱い、ハンドメイドソープやスキンケア用品の品揃えが豊富なことが特徴です。スタッフのおすすめブランドはヴィーガン・スキンケアの「Koko Body」、自然派ソープの「Fair+Square」、北島ホークス・ベイ発コスメの「Real World」など。

6 Esplanade, St. Clair, Dunedin
☎ (03)455-0808
📘 @wanderandsons
🕙 10:00〜17:00、無休／MAP📍P.16 A-2

1. 窓の向こうに海が広がる明るい店。ゆったりと陳列され買いものしやすい。／**2.** アパレルはオーストラリアのブランドを中心に扱い、シンプルで大人っぽいデザインが得意。

自然派ブランドReal Worldのボディウォッシュ$40〜、リップバーム$15など。

🛍 クラフトジンの魅力に迫ろう

No8 Distillery
ナンバーエイト・ディスティラリー

4世代にわたって続くオーガニックスピリッツの蒸留所。クラフトジンにはホロピト、タラタ、カワカワなどニュージーランドのユニークなボタニカルが使用され、ほかにウォッカやラム酒も手がけています。最新作はオチョ・チョコレート（P.163）のカカオの殻を使ったモカ・ジン。買いもののほか、テイスティングセッションや蒸留所ツアーに参加するのもおすすめです。

3. 商品ディスプレイもおしゃれな店内で、テイスティングや買いものを楽しもう。／4. 自慢のクラフトジン。左からホロピト、ハイビスカス、ダナーズ・ドライ。各700mlで$75。／5. ニュージーランドならではのボタニカルを使ってていねいに蒸留。© DunedinNZ

4 Hanover St., Dunedin
☎ (022)436-5045
🌐 no8distillery.com
🕙 10:00〜17:00、
土曜13:00〜18:00、日月曜休
※季節によって変動あり
MAP📍P.16 A-1

☕ キュートな看板犬がお出迎え

Maggies マギーズ

グリーンの壁が印象的な店内に年代物の調度品や地元作家のアートが配されてユニーク。看板犬のジョンが窓際の定位置でくつろぐ姿もかわいらしく、外からなかをのぞくと入らずにはいられない不思議な魅力があります。ダニーデンの焙煎所ヴァンガードの豆を使用したコーヒーがおいしく、エスプレッソのほか、コールドブリューやポアオーバーでも提供。木〜土曜の夜はバーとしても営業。音楽ライブなどイベントも行われます。

46 Stuart St., Dunedin
⊙@maggiesotepoti／🅕@maggiesotepoti
🕐7:30〜15:00(木金曜22:00)、
　土曜8:00〜22:00、日曜9:00〜14:00、無休
MAP📍P.16 B-1

1.夜は生ビールやワイン片手にくつろげる雰囲気。2.ヴァンガード焙煎所のスペシャルティコーヒーは香り高くおいしい。

看板犬のジョンに会いに行こう

☕ 薫り高いコーヒーが楽しめる

Mazagran マザグラン

20年以上続く老舗エスプレッソバー。Kick Ass(キック アス)、JAZZ、Happy Honker(ハッピー ホンカー)などネーミングもユニークなオリジナルブレンドとシングルオリジンを自家焙煎してサーブ。フードは軽いスナックのみでほぼ午前中に売り切れますが、純粋にコーヒーのみを堪能できるのでコーヒー好きは必訪。2週間ごとに変わる店内のチョークアートもおしゃれ。ロースタリーでもあり、コーヒー豆の販売も行っています。

36 Moray Place, Dunedin／☎(03)477-9959／🅕@mazagrancafe
🕐7:00〜15:30、土曜10:00〜14:00、日曜休
MAP📍P.16 B-1

3.素っ気なさがおしゃれな店内。黒板のチョークアートは定期的に変わる。／4.常連でいつもにぎわう。屋外席にも屋根がある。

フラットホワイト$4.50〜、ラテ$5〜、カプチーノ$4.50〜などエスプレッソメニューはどれもおいしい。

🍴 南島の新鮮なシーフードを堪能

Plato プラート

1

2

水揚げされたばかりの魚介類をメインに、地産と旬にこだわる実力派。食材の力を引き出すシンプルな調理法で、どれも飽きないおいしさです。店内にはオーナーが世界を旅して集めたアンティーク雑貨が飾られ、おもちゃ箱のようにポップで楽しい雰囲気。セントラルオタゴ産をはじめとするワインの品揃えも秀逸。併設の醸造所で造られた自家製ビールもぜひお試しを。

1. ヒラメのムニエルなど魚介メニューは仕入れによって変わり、メインの場合1品$36～。／**2.** 湾岸の倉庫街にポツンとある隠れた名店。ユニークなインテリアが楽しい！

2 Birch St., Dunedin／☎ (03)477-4235／🌐 platocafe.co.nz
🕐 17:00～21:00、日月曜休／MAP📍P.16 B-1

🍴 アットホームな本格イタリアン

Etrusco at The Savoy
エトラスコ・アット・ザ・サヴォイ

パスタは種類豊富でメディオ（中）$21.50～、グランデ（大）$29.50～。

3

1914年に建てられた歴史あるサヴォイ・ビルの2階にある、イタリア移民のファミリーが1994年にオープンした店。現在は先代の息子ふたりが中心となって切り盛りし、住民に愛され続けています。おすすめはビーフとポークの合い挽き肉を使ったボロネーゼやフォカッチャの生ハムサンドイッチ。バーカウンターもあり、イタリアンワインとビールの種類はダニーデン随一。BYOWもOK。

3. 歴史ある街並みが残るダニーデンらしい重厚でクラシックな店内。／**4.** オーナーのジャノネー家。ファミリー経営でアットホームな雰囲気。

8A Moray Place, Dunedin
☎ (03)477-3737／🌐 etrusco.co.nz
🕐 17:30～21:00(木曜21:30、金土曜22:00)、無休
MAP📍P.16 B-1

4

© DunedinNZ

1

☕🛍 町自慢のプレミアムチョコレート

Ocho Chocolate
オチョ・チョコレート

© DunedinNZ **2**

　ダニーデンにはかつてイギリス発祥のチョコレートブランド、キャドバリーの工場があり、150年以上もの間、チョコレートの町として知られていました。2017年末に同社の工場が閉鎖された後、町の新たなシンボルとして急成長したのが、もともと小規模のブティックチョコレートメーカーだったオチョ。ソロモン諸島、バヌアツ、パプア・ニューギニアといった南太平洋産のカカオを使用した上質なチョコレートバーが人気を博しています。マヌカハニー、ホロピト＆カワカワといったニュージーランドらしいフレーバーが揃っていることも特徴。こちらの店では製造過程を見学できる工場ツアー（1人＄25〜）が催行され、参加者は10種類のチョコレートの試食もできます。併設のカフェではレギュラー、チャイスパイス、メキシカンチリなど9種類ほどのホットチョコレート（＄5〜）を用意。濃厚なブラウニーをコーヒーと一緒にいただくのもよいでしょう。

3 © DunedinNZ

1.中心部から少し外れた港近くの倉庫街にあるファクトリーショップ＆カフェ。／2.店内でチョコレートバーや粉末ホットチョコレートなどを購入できる。／3.カフェではコーヒーやジュースも提供。／4.ロッキーロードなどもあり、チョコ好きならぜひ訪れたい。

10 Robert St., Dunedin
☎ (03) 425-7819／🌐 ocho.co.nz
🕐 8:00〜15:00、土日曜10:00〜14:00
MAP 📍 P.16 B-1

© DunedinNZ
4

1.1階がベッドルーム、2階がダイニングキッチンというメゾネットタイプの客室。／2.ロフトタイプの客室。室内はモダンでフルキッチンも完備。窓枠に教会の名残りがある。／3.オクタゴンまで徒歩数分とロケーションも良好。

古い教会がゴージャスな宿に変身

Chapel Apartments

チャベル・アパートメンツ

　1863年に建てられたダニーデン最古の教会を利用。外観は普通の教会で「ここに泊まれるの!?」と驚きますが、なかに入ると最新式キッチンや快適なバスルームを備えたモダンな内装にまたびっくり。客室はすべて異なるつくりで、ところどころに建築当時からの壁や窓、扉が残されているのがユニーク。いちばん大きな部屋は7人まで宿泊でき、ファミリーやグループにピッタリです。

81 Moray Place, Dunedin／☎ (027)296-4255
🌐 chapelapartments.co.nz
🛏 1室$454〜（朝食別）／全7室／MAP 📍 P.16 A-1

サーフビーチでおしゃれなステイを

Hotel St. Clair

ホテル・セント・クレア

　セント・クレア・ビーチを望むスタイリッシュなホテル。ロビーは小さくシンプルですが、公共のコートヤードを持ち、全体的にゆったりとしたつくり。全室にキチネットもしくはキッチンが付き、暮らす感覚で滞在できます。客室は窓が大きくて明るく、オーシャンビューのカテゴリを選べばベッドからも海が見えて気分爽快。地下の駐車場を無料で利用でき、レンタカー派にもおすすめです。

24 Esplanade, St. Clair, Dunedin
☎ (03)456-0555／🌐 hotelstclair.com
🛏 1室$239〜（朝食別）／全26室／MAP 📍 P.16 A-2

4.海に面して建ち、ほとんどの部屋がオーシャンビュー。／5.広いベランダでゆっくりコーヒーや朝食を楽しむのもいい。／6.面積70㎡と広いラグジュアリーオーシャンビュールームのベッドルーム。

多様な野生動物を観察できる

Otago Peninsula オタゴ半島

　ダニーデンの南から北東へ約30kmにわたってのびる半島。入り組んだ海岸線を持ち、さまざまな野鳥や海洋動物が生息するワイルドなエリアです。翼を広げると3メートルにもなるロイヤル・アルバトロスやキガシラペンギン、オットセイなどが見られ、ロイヤル・アルバトロス・センター、オペラといった保護施設でのツアーやクルーズに参加して観察するのが一般的。動物好きはぜひ足をのばしてみてください。

1.日没後に海から戻ってくるブルー・ペンギン。愛らしい行進を至近距離で観察できる。／2.巨大なアルバトロス。翼を広げるとまるで飛行機のよう。4〜9月にはヒナも見られる。

Royal Albatross Centre/Blue Penguins Pukekura
（ロイヤル・アルバトロス・センター／ブルー・ペンギン・プケクラ）

☎(03)478-0499／🌐 albatross.org.nz／bluepenguins.co.nz／🕐10:15〜日没、ツアーは11:00〜／アルバトロスツアー（1時間〜）💲大人$54〜、子ども（5〜17歳）$15〜／ブルーペンギン・ツアー💲（1時間30分）大人$49〜、子ども（4〜17歳）$30〜

The Opera（オペラ）

☎(03)478-0286／🌐 theopera.co.nz／🕐10〜3月10:15〜18:15、4〜9月15:45〜17:15／ツアー（1時間30分）💲$65、子ども（5〜14歳）$25

ACCESS

🚗 ダニーデンのオクタゴンからロイヤル・アルバトロス・センターまで車で約45分、オペラまで約40分

🚌 18番のバスで約1時間（終点）＋徒歩約10分（オペラ）、30分（ロイヤル・アルバトロス・センター）

奇岩から歴史的建造物まで見どころ満載

© Cindy Mottelet

3 © Cindy Mottelet

Waitaki District ワイタキ地方

3.海外に球形の岩が転がっている不思議なスポット。約6500万年前に形成された石灰岩の塊らしいといわれている。／4.ギザギザした奇岩群のクレイ・クリフス。／5.白亜のビクトリアン建物が並ぶオアマル。街中に集まっており、徒歩で十分めぐることができる。

🌐 waitakinz.com／MAP📍P.5

　ダニーデンから北へ車で1〜2時間のワイタキ地方は、まだ日本人観光客の少ない穴場的スポット。海岸に約400万年かけて形成された奇岩が並ぶモエラキ・ボルダーズ、石灰岩の産地であり、白亜の歴史的建造物が保存されているオアマル、約100万年前に古代氷河によってつくられた奇岩群クレイ・クリフスなど見どころが点在しています。レンタカーで気ままにめぐってみて！

ニュージーランド
旅のヒント

🥝 日本からニュージーランドへ

　日本からニュージーランドへは、現在ニュージーランド航空が成田～オークランドの直行便（全日空の共同運航便）を毎日運航しています。所要時間は約10時間30分。ウェリントン、クライストチャーチなどほかの都市へ行く場合は、オークランドで入国してから国内線へ乗り継ぎましょう。

　オークランド空港は国際線ターミナルと国内線ターミナルに分かれており、無料のシャトルバスで約5分でアクセスできます（15分間隔で運行、徒歩でも約10分）。受託手荷物はオークランドで一旦ピックアップする必要がありますが、乗り継ぎ時間が1時間以上あれば国際線ターミナル内で預け、身軽になって国内線ターミナルへ向かうことができます。

　ニュージーランドへは直行便がおすすめですが、カンタス航空でシドニーやブリスベン経由、シンガポール航空でシンガポール経由など乗り継ぎ便の利用も可能です。本書で紹介しているオークランド以外の地方都市（ロトルアは除く）へは、オーストラリアやシンガポールから直接入ることができます。

◎ニュージーランド航空 🌐 airnewzealand.jp

電子渡航認証NZeTA

　日本のパスポート保持者は3か月以内の観光・留学であればビザは不要。ただし、電子渡航認証NZeTAの取得が必須です。ウェブサイト（＄23）もしくはモバイルアプリ（＄17）から申請できます（発行まで約10分）。政府では出発72時間前までの申請を推奨しています（2年間有効）。その際、海外渡航者観光保護税(IVL) ＄35の支払いも求められます。

◎NZeTAとIVYについての詳細
nzeta.immigration.govt.nz

デジタル入国書類
New Zealand Traveller Declaration

　2023年より、入国審査に必要な情報をウェブサイトまたは専用アプリで提出できるサービスがスタート。記入は渡航24時間前から可能です。従来のとおり、紙の入国書類に記入して入国時に提出することもできます。

◎New Zealand Traveller Declarationについての詳細
travellerdeclaration.govt.nz

入国時の注意点

　ニュージーランドは検疫がきびしく、とくに食べものはキャンディやガム、チョコレートなどでも申告が必要です。食品は①商品として加工・パッケージされていること、②常温保存が可能なこと、③未開封であることが持ち込める基準ですが、判断は現場の審査官に任されており、申告しても没収される可能性があります。また、アウトドア用品も申告の対象で、例えばトレッキングシューズやハイキングの道具は泥などの汚れをキレイに落とさないと持ち込めません。申告を怠るとその場で最大＄100,000の罰金または5年以下の懲役が科されるので要注意。

🥝 空港から各都市へ

　各空港から主要都市までのアクセスについては、P.168～169をご参照ください。目的地までドア・トゥ・ドアで運んでくれる乗り合いタクシー「スーパーシャトル」（写真）も便利です。運賃は行き先や人数で変わります。空港から市内へ向かう場合は予約なしでもOKですが、ある程度の人数が集まらないと出発しないため、少し時間がかかることも。公式サイトからあらかじめ予約を入れておくとスムーズです（クレジットカード決済で固定料金なので安心）。市内から空港へ向かう場合は要予約。

©Nankai

◎スーパーシャトル 🌐 supershuttle.co.nz

🥝 市内の交通

　オークランド、ウェリントン、ロトルア、クライストチャーチ、クイーンズタウン、ダニーデンともに公共交通機関は基本的に市バス。運賃は、乗車の際ドライバーに行き先を告げて支払います。現金の場合は事前に運賃を調べて釣り銭のないよう準備を（釣り銭はないことも）。なお、IC交通カード（本体＄10、MetroカードとBeeカードは＄5）は、車内の専用機にタップするだけで乗り降りできてスムーズなうえ、25％程度の割引運賃が適応されるので何度も利用する場合はお得。オークランドの市バスは現金払い不可なのでカードの入手がマスト。オークランドでは電車とフェリー、ウェリントンではケーブルカーと電車、クライストチャーチとクイーンズタウンではフェリーにも使えます（P.168～169参照）。

　バスに乗車する際はバスが近づいてきたら大きく手を挙げて乗車の意志を伝えましょう（バス停に立っているだけでは素通りされることも）。また、バスの車内アナウンスや次のバス停を表示する電光掲示板はないこともあるので、どこで降りるかは把握しておく必要があります。なお、オークランドの電車やバスではアナウンスがあります（英語とマオリ語音声も）。

　タクシーを利用する際は、流しはないので空港やホテルなどにあるタクシースタンドでつかまえるか、電話して呼ぶのが一般的。Uberも利用可能です。

🥝 国内の交通

国内線と長距離バス

　オークランドからクライストチャーチなど長距離や島をまたいでの移動は国内線の飛行機が便利です。ニュージーランド航空とジェットスター航空が国内の主要都市間を結んでいます。同じ島内での移動なら長距離バスも便利。細かくネットワークが張りめぐらされ、比較的リーズナブルに移動できます。最大手はインターシティで、公式サイトから路線の検索・予約が可能。お得なバスの販売や観光ツアーも主催しています。

◎**ジェットスター航空** 🌐 jetstar.com
◎**インターシティ** 🌐 intercity.co.nz

レンタカー

　ニュージーランドは車社会なので、レンタカーを借りるとさらに旅が楽しめます。レンタカー会社の営業所は空港・市内ともにあり、ハーツ、バジェットといった大手から地元の小さな会社までさまざま。日本語対応の会社も存在します。クライストチャーチで借りてクイーンズタウンで返却するなど乗り捨てもOK。車種は通常のセダンのほか、キャンパーバン（キャンピングカー）の種類も豊富です。車を借りる際は有効な日本の免許証に加え、国際免許証とクレジットカードが必要なのでお忘れなく。そのほか、交通ルールなどの注意点はP.139をご確認ください。

日本と同じ左側通行・左折
優先なので運転も安心。

🥝 お金

現金

　通貨単位はニュージーランド・ドルN$（本誌では$で表示）、補助単位はセントⓒで$1＝100ⓒ。紙幣は$5、$10、$20、$50、$100の5種類で、すべて丈夫で水に濡れてもOKな合成樹脂を使ったポリマー紙幣。コインは10ⓒ、20ⓒ、50ⓒ、$1、$2の5種類です。

両替とATM

　日本円からニュージーランド・ドルへは、銀行や市内の両替所で両替ができます。ニュージーランド入国後に両替するほうが日本国内よりもレートがいいことが多いのでおすすめです。ニュージーランドでも空港の両替所はやや割高なので、できれば市内に移動してから両替するといいでしょう。

　ATMは空港、駅、銀行、ショッピングモールなどあちこちにあり、24時間キャッシングが可能です。

クレジットカード

　ニュージーランドはキャッシュレス社会でクレジットカードの普及率も高く、ほとんどの店で利用可能です。AMEX、JCB、Diners Clubは対応していない店もあり、VISAかMasterCardを用意しておくと安心。最低使用額が決まっていたり（$20以上が多い）、手数料が上乗せされる場合もあります。最近は現金払い不可の店が増えているほか、ホテルやアクティビティの予約時にも必要なので、必ず1枚は用意しましょう。

チップとホリデーサーチャージ

　基本的にはチップの習慣はありません。特別なサービスをしてもらった場合はお礼として$5程度渡すのもいいでしょう。ファインダイニングでは10％程度のサービス料が加算される場合もあります。なお、ニュージーランドの祝日にはレストラン、カフェなどで15％のホリデーサーチャージが加算される場合があります。

🥝 観光案内所 i-SITE

　ニュージーランドにはi-SITE（観光案内所）が各地に約60カ所あり、無料の地図や観光情報が入手できるほか、旅程を組んでくれたり、その場で全国の宿泊施設や交通、アクティビティ、ツアーなどの手配もしてくれてとても便利です。営業時間は場所によって異なりますが、毎日9:00〜17:00が基本。ぜひ活用してください。

緑の丸に「i」のマーク
は全国共通。

◎**アイサイト**（i-SITE）
🌐 isite.nz

🥝 水

　ニュージーランドの水道水は問題なく、蛇口から出た水をそのまま飲むことができます。ただし農村や山間部では雨水をタンクに貯めて飲料水を含む生活用水としているところもあるので、気になる場合は煮沸するか、ミネラルウォーターを利用しましょう。

🥝 電圧とプラグ

　ニュージーランドの電圧は230／240V、50Hz。ノートパソコンやデジタルカメラの充電器、携帯電話（スマートフォン）などは通常問題ありませんが、未対応の電化製品を使用する場合は変圧器が必須。電源プラグの形状は日本とは異なる八の字型のOタイプなので変換プラグが必要です。

各都市の交通機関とできるアクティビティ

空港から市内へ

オークランド

スーパーシャトル
1人$30程度、約40分

Sky Drive（スカイドライブ）
skydrive.co.nz
空港からオークランド中心部のスカイシティまで5:30〜22:30（スカイシティ発は5:00〜22:00）の30分間隔で運行。所要約40分。チケット（大人$18、子供$8）は公式サイトまたはドライバーからクレジットカードで購入できる。車内は飲食禁止（水はOK）。

ウェリントン

スーパーシャトル
1人$18程度、約25分

Airport Express
（エアポート・エクスプレス）
metlink.org.nz
メットリンクの空港バスが5:30〜22:25の間10〜20分間隔で運行（大人$10、5〜18歳$2.50）。所要約25〜35分。Snapperカードを使用すると割引運賃が適用される。

ロトルア

タクシー
$35程度、約20分

Baybus（ベイ・バス）
baybus.co.nz
市内と周辺の主な観光スポットを結ぶ市バスが12路線運行。運賃は一律大人$2.80、子ども$1.70で、空港から市内中心部へは10番が月〜土曜6:50〜17:53、日曜・祝日7:53〜16:53の約1時間間隔で運行
◎ほかにi-SITE前から発着するロトルア郊外への見どころへのシャトルバスサービスがある。ワイマング行き、ワイオタプ行きともに$109（往復、入場料込み）など。要予約。
rotoruanz.com

市内交通

オークランド

Auckland Transport
（オークランド交通局）at.govt.nz
バス、電車を運営。運賃はゾーン制（シティリンク以外）で大人$4〜、子ども$2〜。
【バス】市内・郊外合わせて約280路線あり。「シティリンク」（大人$1、子ども50¢）、「インナーリンク」、「アウターリンク」、「タマキリンク」の4路線がおすすめ（P.83参照）
【電車】ブリトマート駅よりスワンソン方面「西線」、プケコへ方面「南線」、マヌカウ方面「東線」、オネハンガ方面「オネハンガ線」の4路線あり
◎ほかにシティと対岸のノースショアやハウラキ湾の島々の間を運航するフェリー「フラーズ360」あり。デボンポート（P.96）へは大人$8、子ども$4.50

ウェリントン

Metlink（メットリンク）
www.metlink.org.nz
バス、電車、フェリーを運営。運賃はゾーン制で大人$2.50〜、子ども$1〜
【バス】市内、郊外合わせて約100路線あり、運賃はゾーン制
【電車】ウェリントン駅を起点に、アッパー・ハット方面「ハットバレー線」、ワイカナエ方面「カピティ線」、マスタートン方面「ワイララパ線」、ジョンソンビル方面「ジョンソンビル線」、ロウワー・ハット方面「メリング線」の5路線あり
【フェリー】シティのクイーンズ・ワーフと対岸のデイズ・ベイ、大人$14、13〜18歳$3.50
◎ほかに「ウェリントン・ケーブルカー」（P.108）あり

IC交通カード

オークランド

AT HOPカード
at.govt.nz/bus-train-ferry/at-hop-card
市バス、電車、フェリー共通。ブリトマート駅やオークランド空港、一部のスーパーなどで購入できる

ウェリントン

Snapperカード www.snapper.co.nz
市バス、ケーブルカー共通。ウェリントン駅やi-SITEで購入できる。下車から30分以内は追加運賃なしで同一ゾーン内の乗り換え可能
◎ほかに市バスと電車の1日乗車券「Metlink Explorer day pass」（ゾーン3まで$11、ゾーン7まで$16ほか）あり

ロトルア

Beeカード
beecard.co.nz
市バス専用。バスの運転手から直接購入する（支払いは現金のみ）ほか、フェントン・ストリートにある市役所でも入手可能。クイーンズタウン、ダニーデンの位置するオタゴ地方を含む国内10エリアで利用できる。

遊覧ライドとアクティビティ

オークランド

【アクティビティ】セイリング（ヨット）、ジェットボート、トレッキング、サーフィン、ジェットボート、乗馬（ムリワイ・ビーチなど）、ジップライン、スキューバダイビングほか

旅行者に使いやすい緑の車体のインナーリンク

ウェリントン

【アクティビティ】
サーフィンなど

ウェリントンには2階建てバスも。

ロトルア

【遊覧ライド】スカイライン（P.125）など
【アクティビティ】トレッキング、バンジージャンプ、ラフティング、乗馬、ジップライン、カヤックなど

ロトルアのスカイライン。

※とくに記述がない限り、「子ども」の年齢は5〜15歳を指す

クライストチャーチ

Metro（メトロ）
metroinfo.co.nz

【市バス】市内の広範囲をカバーする市バスが29路線運行。運賃は一律大人$4、子ども（5〜18歳）$2、Metroカードを利用すると半額。現金で支払った場合、2時間以内に1回の乗り換えが追加運賃なしで可能。乗り換えの際は支払いのレシートの提示が必要。Metroカード利用者は2時間以内の乗り換えは追加運賃なしで無制限。
◎ほかに郊外の港町リトルトンと対岸のダイヤモンド・ハーバーを結ぶフェリーあり。

クライストチャーチでは空港からも市内もすべてメトロのバス。

Metroカード
metroinfo.co.nz/metrocard

市バス、フェリー共通。クライストチャーチ中心部のバスターミナル「クライストチャーチ・バス・インターチェンジ」などで購入できる

【遊覧ライド】クライストチャーチ・トラム（市内中心部の見どころを50分でめぐる／大人$35、子どもは大人1人につき3人まで無料／乗り降り自由）、クライストチャーチ・ゴンドラ（標高400mのキャンベンディッシュ山頂へ／大人$40、子ども$18）
【観光列車】コースタル・パシフィック号（片道約5時間40分）／大人$177〜、9月下旬〜5月上旬運行）と、トランツ・アルパイン号（片道約4時間50分／大人$239〜）、大人同伴の子ども（2〜17歳）は無料
【アクティビティ】トレッキング、サーフィン、乗馬、スキー＆スノーボード（日帰り範囲にゲレンデあり）など

クイーンズタウン

Orbus（オーバス）
orc.govt.nz/public-transport/queenstown-buses

サンシャイン・ベイ〜クイーンズタウン空港〜リマーカブルズショップ、アーサーズ・ポイント〜アロータウンなど5路線を運行。運賃は一律大人$4、子ども（5〜12歳）$2
★空港より中心部まで約25分で結ぶ1番バスのみ別料金（大人$10、子ども$8）、6:00〜24:00の15〜30分間隔で運行
◎ほかにクイーンズタウン・ベイ〜ヒルトン・クイーンズタウン間を運航するフェリーあり。途中、ベイビューとマリーナの2か所に停まる。

Beeカード
orc.govt.nz/public-transport/bee-card

市バス専用。クイーンズタウンではフェリーにも利用可。クイーンズタウン空港内ペーパープラス（書店／文房具店）、ダニーデンではバス車内でドライバーから購入できる。下車後45分以内は追加運賃なしで乗り換え可能

【遊覧ライド】スカイライン（P.144）やTSSアーンスロー蒸気船クルーズ（P.32）など
【アクティビティ】トレッキング、バンジージャンプ、ジェットボート、乗馬、スキー＆スノーボード、パラセーリング、ジップラインなど

国内の都市間を結ぶ長距離バス、インターシティ。
© InterCity Group

ダニーデン

※市内へはレンタカー、スーパーシャトル、タクシーのいずれかで約30分。レンタカーのカウンターは空港を出てすぐ隣の建物にある

Orbus（オーバス）
orc.govt.nz/public-transport/dunedin-buses

中心部と郊外を広範囲でカバーする市バス。25路線あり。運賃は一律$3子ども（5〜12歳）$2

クイーンズタウンとダニーデンで走っているオーバス。

【観光列車】ダニーデン鉄道
【アクティビティ】サーフィン（中〜上級者）など

🥝 通信手段

Wi-Fi環境

空港やカフェ、図書館、宿泊施設などでは無料のWi-Fiが使えます。スタッフに尋ねるとネットワーク名とパスワードを教えてもらえます。ただし速度は日本とくらべて遅く、使える通信量にも制限が設けられていることもあるので、いつでも自由に利用したい場合はモバイルWi-Fiのレンタルをおすすめします。

SIMカード

ニュージーランドの主要通信会社スパーク（Spark）、ワン（One）、2ディグリーズ（2degrees）などが旅行者向けのプリペイドSIMカードを販売しています。空港内や市内の各通信会社のショップやi-SITEで購入可能で、eSIMも選べます。料金は通信会社やプランによって異なりますが、スパークは$29（3か月間有効、データ2GBまで、通話はニュージーランド国内200分、国際通話100分まで）〜。

🥝 病気・ケガをした場合

ニュージーランドの医療水準は高く、具合が悪くなった場合も安心して診察が受けられます。ただし医療費は高額で救急車も有料なので、渡航前に必ず海外傷害保険に加入しておきましょう。

ニュージーランドの医療システムはプライマリーケア（一般医GP＝General Practitionerが対応）、セカンダリーケア（病院や専門医が対応）の2ステップに分かれており、まずはGPで診察を受け、そこで治療や診断がむずかしい場合にセカンダリーケアへ進む仕組みです。GPは基本的に予約制で週末・祝祭日や夜間は休診するので、急を要する場合は救急外来病院へ。

なお、ケガの場合、国が補償や治療費を負担するACC（Accident Compensation Corporation）という制度があり、国内で起こったすべての事故が対象とされているため、基本的に治療費は無料。ACCの補償を受けると事故の被害者であっても加害者に対して訴訟を起こすことができないので覚えておきましょう。◎ACC 🌐 acc.co.nz

🥝 治安

先進国のなかでは比較的治安のよいニュージーランドですが、犯罪は起きているので油断は禁物。とくに注意したいのはレンタカーの車上荒らしや置き引き・盗難、女性への暴行など。車から離れる際、貴重品は必ず車内に残さないようにし、不要な荷物はトランクなどに入れて外から見られないように。夜のひとり歩きは避け、クラブやバーで声をかけてくる人には気をつけましょう。万が一トラブルに遭遇したらすぐに通報を。ニュージーランドの緊急電話は警察・救急車・消防のすべてが共通で111です。

在ニュージーランド日本国大使館
(Embassy of Japan in New Zealand)

☎ (04) 473-1540／✉ enquiry@wl.mofa.go.jp
🌐 nz.emb-japan.go.jp
🕐 9:00〜17:00／領事受付 9:00〜12:00、13:30〜16:00
　ビザ電話受付9:00〜12:00
MAP📍P.12 B-1

🥝 気候・服装

南半球に位置するニュージーランドは日本とは季節が逆。南北に長く北と南では気候が異なり、北へ行くほど温暖。南は逆に寒くなります。北風が吹くとあたたかく、日当たりも北向きが良好です。天気が変わりやすく、夏でも朝晩は冷えることがあるので重ね着をするなど、通年調整できる服装がおすすめです。

◎春（9〜11月）

平均気温はオークランドなど北島が19℃、クライストチャーチなど南島が16℃程度。天気がよいと日中は半袖で過ごせますが、急激に気温が下がることもあるのでパーカーやトレーナー、薄手のダウンジャケットなど防寒対策は必須。春は風が強い日が多いのでウインドブレーカーもあると安心です。

◎夏（12〜2月）

平均気温は21〜25℃。日差しが強く体感温度はもう少し高くなりますが、暑い日でも30℃を超えることは滅多にありません。日本の夏の服装に加え、朝晩冷えるときのために羽織りものの用意を。紫外線が強烈なのでサングラスや帽子も必須。冷房設備がない施設もあるのでうちわや携帯扇風機も役立ちます。

◎秋（3〜5月）

気候が安定していて夏のピークシーズンを過ぎた秋は、のんびり観光するのに最適なシーズン。平均気温は18〜21℃で、3月から4月上旬は北島北部では日中泳げるほど暑くなる日もあります。しかしイースター（4月中旬頃）を過ぎると一気に秋めいてくるので厚手の上着も用意するといいでしょう。

◎冬（6〜8月）

オークランドの平均気温は7〜15℃で降雪もありませんが、雨が多く気温より寒く感じるので日本の冬の服装を用意を。クイーンズタウンやクライストチャーチなど南島へ行くならニットの帽子、手袋、ブーツなどさらにあたたかい装備が必要です。

🥝 クリスマス・年末年始の旅行

　クリスマス当日（12月25日）は祝日で、銀行やオフィスはもちろん、スーパーマーケットや主要な観光施設もクローズするので注意が必要です。ファストフードやテイクアウトの飲食店などはオープンしていますが、必要な食べものや飲みものは前日までに確保しておきましょう。翌12月26日もボクシング・デーの祝日ですが、1年で最大のセールが行われる日でもあり、大半の店がオープンします。

　大晦日は各地でカウントダウン・パーティーが開催され、主要都市では花火も上がります。街の中心部に出かけるとにぎやかに新年を迎えられるでしょう。

🥝 ニュージーランドの祝祭日

1月1日　　元日
1月2日　　元日の翌日
1月20日　　ウェリントン・アニバーサリー・デー※（2025年、ウェリントンのみ）
1月27日　　オークランド・アニバーサリー・デー※（2025年、オークランドのみ）
2月6日　　ワイタンギ・デー
3月25日　　オタゴ・アニバーサリー・デー
　　　　　　（2025年、ダニーデンなどオタゴ地方のみ）
3月29日　　グッド・フライデー※（2025年は4月18日）
4月1日　　イースター・マンデー※（2025年は4月21日）
4月25日　　アンザック・デー
6月3日　　キングス・バースデー※（2025年は6月2日）
6月28日　　マタリキ（マオリの新年）※（2025年は6月20日）
10月28日　　レイバー・デー※（2025年は10月27日）
11月15日　　カンタベリー・アニバーサリー・デー※
　　　　　　（クライストチャーチなどカンタベリー地方のみ、2025年は11月14日）
12月25日　　クリスマス
12月26日　　ボクシング・デー
※移動祝祭日（日付は2024〜2025年の場合）

旅行者も気軽に参加できる おすすめ無料イベント

◎オークランド

Auckland International Buskers Festival
（オークランド国際バスカーズ・フェスティバル）

1月下旬／通常オークランド・アニバーサリー・デーの週末に開催される大道芸の祭典。ほぼ毎年日本からもパフォーマーが参加する。ほとんどのショーが無料（パフォーマーへのチップは別途）。言葉がわからなくても楽しめるものが多く、見応えたっぷり。／🌐 aucklandbuskersfestival.co.nz

Pasifika Festival （パシフィカ・フェスティバル）

3月中旬／ニュージーランド、クック諸島、フィジー、ニウエ、サモア、トンガ、タヒチ、ハワイなど南太平洋諸国をテーマにしたイベント。各国の伝統芸能パフォーマンスが楽しめるほか、クラフト雑貨やフードの屋台も登場。オークランド動物園近くの広大な公園ウェスタン・スプリングスで開催。／🌐 aucklandnz.com/Pasifika

Diwali （ディワリ）

10月中旬〜11月初旬／インドの新年を祝うお祭り。オークランドのアオテア・スクエアで毎年10月中旬の週末に開催。インド舞踊のパフォーマンスなど文化に触れられるほか、インドをはじめとする各国料理の屋台がずらりと並ぶのが見どころ。／🌐 aucklandnz.com/auckland-diwali-festival

Santa Parade （サンタ・パレード）

11月下旬／90年以上続くクリスマス・パレード。目抜き通りのクイーン・ストリートで毎年11月下旬の日曜に開催される。／🌐 santaparade.co.nz

Coca Cola Christmas in the Park
（コカ・コーラ・クリスマス・イン・ザ・パーク）

12月中旬／オークランド・ドメインで毎年12月中旬の土曜夕方から開催されるファミリー向けコンサート。レジャーシート持参で、ピクニック気分で出かけよう。クライマックスは花火の打ち上げ。／🌐 coke.co.nz/christmas-in-the-park

◎ウェリントン

CubaDupa （キューバドゥーパ）

3月中旬／毎年夏の週末に開催。ウェリントンの繁華街キューバ・ストリートを舞台に、さまざまな音楽ライブや大道芸などのパフォーミングアートが集結。通りのあちこちに特設ステージが設けられ、音楽フェス感覚であちこち巡りながら楽しめる。／🌐 cubadupa.co.nz

◎クライストチャーチ

World Buskers Festival
（ワールド・バスカーズ・フェスティバル）

1月下旬／クライストチャーチの夏の風物詩である大道芸の祭典。無料で鑑賞できるショーも多数開催される（パフォーマーへのチップは別途）。／🌐 breadandcircus.co.nz

Coca Cola Christmas in the Park
（コカ・コーラ・クリスマス・イン・ザ・パーク）

11月下旬／オークランドと同様、毎年行われるクリスマス・コンサート。11月下旬の土曜夕方から北ハグレー公園で開催。／🌐 coke.co.nz/christmas-in-the-park

◎ダニーデン

Midwinter Carnival
（ミッドウィンター・カーニバル）

6月21〜22日（2024年）／毎年冬至近くの金・土曜日に開催。オクタゴンの会場で、美しい手づくりランタンのパレードや光のアートが見られる。／🌐 midwintercarnival.co.nz

171

Index

Christchurch

Queenstown

Dunedin

Others

おわりに

　本書は2020年2月に出版されたガイドブックの改訂版です。出版してすぐにコロナ禍がはじまり、移動が困難な時期が長く続きました。少しずつ日常を取り戻し、ようやく移動ができるようになったのは2022年も後半のこと。その間に世界は大きく変化し、ニュージーランドのライフスタイルや観光業にも多大な影響がありました。それでもこの国の豊かな自然と人々のあたたかさは変わりません。先の見えない長くて暗いトンネルのなかにいるようだった数年間、これまで以上にニュージーランドの海に元気をもらっていました。あの海の向こうへまた行ける日が来る、海の向こうからまた大勢の人びとがやってくる日が来る……それを願い、それが現実になった今、この本がニュージーランドを訪れる方々に少しでもお役に立てればとてもうれしいです。

　最後に、ほかの仕事とも重なって進行が遅れ、スタッフの方々にはご迷惑をおかけしましたが、素晴らしい機会を与えてくださったイカロス出版の西村さんとスタッフの方々に心からお礼を申し上げます。

旅のヒントBOOK　新たな旅のきっかけがきっと見つかるトラベルエッセーシリーズ　各A5判

◎お問い合わせ：イカロス出版 出版営業部 https://books.ikaros.jp/

美食の街を訪ねて
スペイン&フランス
バスク旅へ　最新版
定価1,980円（税込）

BEER HAWAI'I
～極上クラフトビールの旅
ハワイの島々へ
定価1,760円（税込）

きらめきの国ギリシャへ
定価1,870円（税込）

太陽とエーゲ海に惹かれて
きらめきの国
ギリシャへ
定価1,870円（税込）

癒しのビーチと
古都散歩
ダナン&ホイアンへ
定価1,650円（税込）

素敵でおいしい
メルボルン&
野生の島タスマニアへ　最新版
定価1,980円（税込）

南フランスの休日
プロヴァンスへ
最新版
定価1,980円（税込）

遊んで、食べて、
癒されて
タイ・プーケットへ
定価1,650円（税込）

レトロな街で食べ歩き!
古都台南へ&
ちょっと高雄へ
最新版
定価1,760円（税込）

太陽と海とグルメの島
シチリアへ
最新版
定価1,870円（税込）

ダイナミックな自然と
レトロかわいい町
ハワイ島へ
定価1,980円（税込）

魅惑の絶景と美食旅
ナポリと
アマルフィ海岸周辺へ
定価1,760円（税込）

エキゾチックが素敵
トルコ・
イスタンブールへ
最新版
定価1,760円（税込）

絶景とファンタジーの島
アイルランドへ
最新版
定価1,870円（税込）

ストックホルムと
小さな街散歩
スウェーデンへ
定価1,870円（税込）

愛しのアンダルシアを
旅して
南スペインへ
定価1,870円（税込）

心おどるバルセロナへ
最新版
定価1,760円（税込）

食と雑貨をめぐる旅
悠久の都ハノイへ
最新版
定価1,870円（税込）

ロシアに週末トリップ!
海辺の街
ウラジオストクへ
定価1,650円（税込）

かわいいに出会える旅
オランダへ
最新版
定価1,760円（税込）

アドリア海の
素敵な街めぐり
クロアチアへ
定価1,760円（税込）

デザインあふれる森の国
フィンランドへ
最新版
定価1,870円（税込）

芸術とカフェの街
オーストリア・
ウィーンへ
定価1,760円（税込）

甘くて、苦くて、深い
素顔のローマへ
最新版
定価1,760円（税込）

美食の古都散歩
フランス・リヨンへ
定価1,760円（税込）

※定価はすべて税込価格です。（2024年2月現在）

グルービー美子
Miko Grooby

アメリカ留学を経て東京の編集プロダクションで旅行雑誌の制作に携わり、約30か国訪れた後、ニュージーランド人の夫ともにオークランドへ移住。その後もニュージーランドのほか、ハワイ、韓国、オーストラリア、北欧などへ取材に出かけている。主な仕事はガイドブックの取材・撮影・執筆。サーフィンおよび猫と遊ぶことが趣味。

旅のヒント BOOK

最新版
ニュージーランドへ
～大自然&街をとことん遊びつくす

2024年3月25日　初版発行

著者	グルービー美子	

Copyright © 2024 Miko Grooby All rights reserved.

発行者　山手章弘

発行所　イカロス出版株式会社
　　　　〒101-0051　東京都千代田区神田神保町1-105

電話　　03-6837-4661（出版営業部）

メール　book1@ikaros.co.jp（編集部）

印刷・製本所　図書印刷株式会社

文・写真／グルービー美子

デザイン／長尾純子

マップ／ZOUKOUBOU

編集／西村　薫（最新版）
　　　坂田藍子（初版）

旅のヒントBOOK
SNSをチェック！